稻盛和夫谈经营

人才培养与企业传承

［日］稻盛和夫 著
叶瑜 译

机械工业出版社
China Machine Press

图书在版编目（CIP）数据

稻盛和夫谈经营：人才培养与企业传承 /（日）稻盛和夫著；叶瑜译 . —北京：机械工业出版社，2017.6（2025.11 重印）

ISBN 978-7-111-57213-8

I. 稻… II. ① 稻… ② 叶… III. 稻盛和夫－企业管理－经验 IV. F279.313.3

中国版本图书馆 CIP 数据核字（2017）第 128272 号

本书是稻盛和夫先生针对塾生们提出的具体的经营问题，依据其经营哲学和切身经验，就应该如何解决这些问题所进行的阐述；其中包括对培养干部及员工、塑造影响力、选拔接班人、处理家族企业内部关系等方面的分析和指导。

稻盛和夫谈经营：人才培养与企业传承

出版发行：机械工业出版社（北京市西城区百万庄大街 22 号　邮政编码：100037）
责任编辑：宋学文
责任校对：殷　虹
印　　刷：河北虎彩印刷有限公司
版　　次：2025 年 11 月第 1 版第 16 次印刷
开　　本：147mm×210mm　1/32
印　　张：6.75
书　　号：ISBN 978-7-111-57213-8
定　　价：59.00 元

客服电话：(010) 88361066　68326294

版权所有・侵权必究
封底无防伪标均为盗版

推荐序

致良知之天理于事事物物

在盛和塾里，稻盛先生指导塾生企业家有三种形式。

第一种形式是稻盛先生发表主题讲演，比如在每年举办的"盛和塾世界大会"（过去叫"盛和塾全国大会"）上，在每年的盛和塾塾长忘年例会上，在新的盛和塾开塾仪式上，稻盛都要发表一个多小时的讲演。这种不同内容的讲演已超过130次。稻盛的讲演每次都堪称经典。

第二种形式是稻盛先生对"塾生体验发表"进行点评。每年的"世界大会"上，稻盛要对8名塾生的发表进行点评。每月的塾长例会上，稻盛要对两名塾生的发表进行点评。近年来，在中国召开的"稻盛经营哲学报告会"上，稻盛每次对六七名塾生的发表进行点评。这样的点评的次数，加起来在500次以上。稻盛的点评有长有短，但无不切中要害，让人点头称是。

第三种形式就是经营问答。有专门的经营问答会，也有在恳亲会等场合随时随地的问答，这样的问答也在 200 次以上。

2015 年 7 月初，我们中国盛和塾 50 名企业家专程赶往日本，与稻盛先生展开了面对面的经营问答，我们提出的问题，有些是中国企业特有的难题，提问者做了精心准备，提问的内容稻盛事先一概不知，整整一个半小时，稻盛的回答紧扣问题的本质，实实在在而又充满哲理。稻盛已经 83 岁高龄，最近腰痛，身体欠佳，一个半小时紧张的问答，稻盛全身心投入。接着开恳亲酒会，拍照握手问候，应接不暇，又是一个半小时，老人家已经疲惫不堪，送他时，稻盛才说了一句："这是苦修苦行啊！"

把与塾生间的经营问答活动看作"修行"，全然不顾年事已高，全力以赴，全神贯注。稻盛再次以他自我牺牲的实际行动，诠释了稻盛利他哲学的精髓。听闻 7 月下旬稻盛因操劳过度，突发较为严重的"带状疱疹"，住院治疗，塾生们心疼不已。

现在这本《稻盛和夫谈经营》，由日本盛和塾事务局编制，目的是让盛和塾的企业家从实例中更好地领悟哲学，从而促进自己更好地实践稻盛经营哲学。

阅读这套书，让我惊奇的是，对大大小小、各行各业、五花八门，几乎是经营者可能遭遇的所有的经营问题，稻盛都能即刻予以回答，而且一针见血，针针见血，深刻透彻。令提问者和听众们佩服得五体投地。

我在阅读稻盛的经营问答时，常常禁不住拍案叫绝。稻盛先生的这种指导百行百业、出神入化的本领究竟是从哪里来的呢？

稻盛的青少年时代充满了挫折，13岁时患肺结核，在死亡的威胁面前，小小年纪，稻盛就贪婪地阅读起《生命的实相》这本充满宗教哲理的书籍，并开始培养自己"从善意出发思考问题的习惯"。

大学毕业，在松风工业打工时，由于排除了杂念，意识高度集中，稻盛发明了陶瓷新材料，开发成功了畅销的新产品。在这个过程中，他领悟出了"心纯见真"的哲学。

创立京瓷后，在如何才能避免决策错误的焦虑中，稻盛悟出了判断事物的基准——"作为人，何谓正确"。这就是所谓稻盛经营哲学的"原点"。

在处理11名高中毕业生的辞职事件中，稻盛又悟出了经营的真谛，或者说经营企业真正的目的："在追求全体员工物质和精神两方面幸福的同时，为人类社会的进步发展做出贡献。"稻盛称之为"哲学的根干"。

在组织变大、管理出现混乱时，稻盛从孙悟空拔毛吹出分身的故事中悟出了"阿米巴经营"，把组织划分成小小的独立核算的单位，称为阿米巴。让全体员工参与经营，发挥出众人的力量和智慧。稻盛把阿米巴称为"员工实践哲学的道场"。

同时，京瓷的产品从陶瓷零件，发展到半导体电子零部件、切削工具、人工骨、再结晶宝石、汽车零部件、太阳能发电基板等。在这个过程中，京瓷又收购合并了某计算器厂、通信机器厂、复印机厂、光学材料厂、有机化工材料厂，乃至美国一万余人的大型电子零部件企业。京瓷的产品也发展到彩色复印机、手机等整机领域。在这个过程中稻盛积累了丰富的经营经验。

稻盛先生在拼命工作的同时拼命思考，他把自己丰富的经营经验加以提炼，上升到了哲学的高度，成为经营企业、度过人生的普遍正确的原理原则。依靠"京瓷哲学"，京瓷克服了20世纪70年代的石油危机，80年代的日元升值危机，90年代的泡沫经济危机，21世纪初的IT危机，以及后来的遍及全球的金融危机，获得了快速而持续的发展。

同时，千千万万个企业在顺境和危机中盛衰荣枯，也让稻盛从侧面学到了许多教训。

20世纪80年代中期，稻盛奋起参与国家规模的通信事业，创立第二电电（即后来的KDDI），把他的哲学发挥到了淋漓尽致的境地，并获得了卓越的成功。稻盛作为名副其实的企业家兼哲学家，可谓天下无双。

至于2010年78岁高龄的稻盛领导日航重建，仅花一年时间就让日航起死回生，跃居世界航空业利润及利润率第一，且遥遥领先，更让全世界惊叹不已。

日航戏剧般的成功，除了稻盛经营哲学和阿米巴经营之外，稻盛先生认为更重要的原因是获得了"天助"。稻盛无私忘我，拼着一把老骨头投身于日航的重建，这种行为顺应了天理，感动了上天，获得了天助，那是一股强大无比的力量。

我认为，稻盛先生"把'作为人，何谓正确'作为判断一切事物的基准"，自己带头并要求员工"把作为人应该做的正确的事情以正确的方式贯彻到底"，这同王阳明"龙场大悟"所悟得的"致良知"完全是不谋而合。

500年前阳明先生的话，形容今天的稻盛先生最是贴切不过了。

"若鄙人所谓致知格物者，致吾心之良知于事事物物也。吾心之良知，即所谓天理也。致吾心良知之天理于事事物物，则事事物物皆得其理也。"

这一段话太妙了，这不但是稻盛经营京瓷、第二电电、日航的真实写照，而且也是稻盛解答形形色色的经营难题，使"事事物物皆得其理"的奥妙所在。

稻盛先生的经营经验丰富多彩，稻盛先生的经营哲学炉火纯青，通达天理，一通百通。凡是现在的经营者碰到过的问题，他几乎都碰到过，或者都注意过、思考过。所以当塾生们向稻盛请教时，稻盛都会从良知天理，或者说从企业经营的原理原则出发，从自己的切身经验出发，做出令人信服的答复："我当初也碰到过与你类似的问题，当时我是这么思考、这么解决的。希望你结合自身的情况，从中获取有益的启示"。稻盛的回答既有哲学的高度又很接地气，让塾生们很受用、很受益。

稻盛说，博览群书不如精读一书。我想，为了丰富知识，我们可以浏览群书，但作为经营者，我首先推荐精读稻盛先生的书，包括《活法》《干法》《阿米巴经营》，以及介绍实际经营案例的《稻盛和夫谈经营》。因为超越行业、能对各种经营问题做出如此精彩回答的人，全世界除稻盛之外别无他人。如果你在自己的经营或人生中有什么困惑的话，你也可以读一读这本书，相信你一定会获得有益的启迪。

稻盛和夫（北京）管理顾问有限公司董事长曹岫云
2015年9月6日

前　言

在当今严峻的经营环境中，经营者面临许多经营课题，如何解决这些问题，大家常常感到烦恼。为了解答这些问题，减少一点大家的困惑，从 1992 年起，我就在盛和塾里开始了"经营问答"。塾生们毫不隐瞒、毫无顾虑地提出他们在经营中遭遇的难题；我倾注心血，解答他们的疑惑。这样的经营问答已经进行了 170 次。

在经营问答中，塾生们提出的问题具有普遍性，是许多经营者共有的烦恼。这样的经营问答，如果按照经营中碰到的实际情况进行分类刊登的话，那么，当经营者在判断问题遇到困惑时，或许能够给予他们解决问题的启示。我开始有了这样的想法。

这次准备出版的《稻盛和夫谈经营》就依照这个宗旨，选择有代表性的经营问答，将其内容系统地编辑成册。我相信，作为经营者，如果熟读并体会与自己抱有相同疑难的同伴间的经营问答，就可以找出解决自身所抱问题的线索。

一直以来，我不断给大家阐述一个观点：为了指引企业不断发展，必须依据"作为人，何谓正确"这一普遍性的经营哲学，来开展企业经营活动。我所倡导的经营哲学，并不是只要在头脑里理解就行的东西，必须通过具体实践才能发挥出它真正的价值。

在经营问答中，针对塾生们提出的具体的经营问题，依据我的经营哲学和我的切身经验，针对应该如何去解决这些问题，我明确地阐述了自己的思路和见解。我期待，这个系列的书籍，能够为大家提供一个重新学习的良好机会，学习的主题就是："**在企业经营的现场应该如何实践哲学**"。

我衷心希望，企业的经营者和经营干部，当你们在自己前进的道路上感觉困惑的时候，这个系列的书籍能够成为"经营的指南针"，在诸位引导企业成长发展的过程中，能够助上一臂之力。

稻盛和夫

2013 年 1 月

有关本书的编辑

　　塾生认真提问，塾长认真解答，这种经营问答精彩纷呈。本书的编写，忠实地传递了现场的这种认真劲儿。本书中出现的职务、组织、行业等，都同经营问答当时的名称一致，但是塾生所在的公司名称、个人的姓名等，因为属于个人信息，本书予以省略。

目 录

推荐序　致良知之天理于事事物物
前言
有关本书的编辑

经营问答一
培养员工的理想方法是引导还是推动　│001
- 有问题要当场指出　│002
- 要在现场这一修罗场派上用场　│004
- 通过酒话会互相摸清脾性　│006

经营问答二
怎样使员工保持完成业务的高度积极性　│009
- 明确企业的目的和意义　│014
- 企业为了员工的幸福而存在　│017

经营问答三
怎样把自己的想法渗透给全体员工　│020
- 创业第三年的反叛使我发现了企业真正的存在目的　│021

- 率先垂范，努力传递自己的思想 ｜024
- 和员工相互讲述心里话（与美国干部的小插曲）｜027
- 要培养受员工和顾客尊重的高尚人格，这十分重要 ｜031

经营问答四

怎样培养干部 ｜032

- 企业规模一变大，就无法看清全局 ｜034
- 把员工打造成自己的分身 ｜036
- 哲学是用于塑造"经营者"的 ｜037
- 把组织划分为可看清核算的最小单元 ｜038
- 就连基层的临时工或兼职员工都有利润意识 ｜041
- 不是"全部委托"，而是让人"负起责任" ｜042

经营问答五

如何处置不称职的资深干部 ｜044

- 赢得员工信赖和信任之后，再决定怎样处置资深干部 ｜047
- 发动公司所有人，发起提高效益的运动 ｜052

经营问答六

如何对待不称职的经营人员，及如何对二把手授权 ｜054

- 人随着立场和时间的流逝而变化 ｜057
- 处理人的事情需要信赖关系 ｜059
- 应该问的是领导者自身在经营上付出的努力 ｜061
- 把二把手人格放在第一位 ｜062
- 有器量的人努力并可提升 ｜065

经营问答七
经营者应该发挥怎样的作用 | 068

- 对经营者而言,这是一个层次很高的问题 | 069
- 贪图安逸快乐、游戏人生的第二代社长 | 070
- 以心目中的理想企业为目标 | 073
- 攀登哪座山决定了人的活法 | 076

经营问答八
董事挑选的基准是什么 | 080

- 选拔董事,第一基准就是人品 | 084
- 人是城堡、人是石墙 | 088
- "持续"让愚钝变非凡 | 089

经营问答九
社长应该注意的事情是什么 | 091

- 心中拥有判断、决策的基准 | 092
- 承担无限的责任 | 095
- 把自己的人格、意志注入企业 | 095
- 为了员工,比任何人都勤奋工作 | 096
- 培养高尚的人格 | 096

经营问答十
怎样建设充满价值感、充实感的企业 | 098

- 让员工充满价值感的企业 | 104

- 积极性的原点是"参与意识" | 106
- 描绘梦想的愿景，激发员工积极性 | 107
- 强悍、刚毅兼具 | 108
- 要谦虚，不要骄傲；以员工为师，积累经验 | 110
- 身怀具有普遍性的哲学，磨炼思想与人格 | 112
- 为了保证企业的长治久安，要提高利润 | 112

经营问答十一
接班人的选拔基准及正确的接班方法 | 114

- 独特的销售渠道 | 118
- 独立核算的店铺运营能够培育人才 | 118
- 让在现场受过锻炼的人成为接班人 | 120
- 会计知识不可缺少 | 121
- 让诚实的人做接班人 | 122
- 爱惜您的儿子 | 123
- 怎样在国外开展业务 | 124

经营问答十二
作为第二任经营者，怎样做好事业的整改及继承 | 125

- 趁着财务体质良好，应该进行关闭整合 | 132
- 给离职的人充足的补助 | 133
- 不能为了继承遗产而使业绩变差 | 133
- 继承者继承大多数股份 | 136
- 重视一线的女员工 | 137

经营问答十三

为创业者不肯充分放权而烦恼 | 140

- 第二代要承受的"矛盾" | 143
- 被依靠的感觉激发员工的干劲 | 146
- 用强大的领导力激起员工的勇气 | 149

经营问答十四

关于经营家族企业的方法及公司分化 | 152

- 首先要以"宽容之心"团结起来,优先恢复业绩 | 156
- 不要分化公司,而是细分组织,对企业进行重组 | 160
- 这是个相对的世界,自己改变了,对方也会改变 | 162

经营问答十五

兄弟经营的企业如何继承事业 | 165

- 不应该改变持股比例 | 169
- 只要企业规模变大,就需要把资本和经营分离纳入视野 | 173

经营问答十六

怎样使弟弟具备经营者意识(为了实现二人三足般的兄弟经营) | 177

- 亲人待遇受企业蓝图左右 | 180
- 把握人心(经营者要赢得尊敬) | 181
- 螃蟹只会根据自己壳的大小打洞 | 183
- 让亲人参与经营的难处 | 185
- 如果可能的话,让弟弟到别处谋生 | 190

经营问答一

培养员工的理想方法是引导还是推动

⊙ 问题

在培养员工方面，社长应该扮演引导还是推动的角色，又或者是扮演守护者的角色。

□ **塾生问**

本公司从事的是计算机系统研发。公司创业20年，员工人数为25名。销售额尽管接近10亿日元，但如今正卡在瓶颈，无法突破。我想提问的是，在这样的小企业中，社长和员工关系应该是怎样的。社长应该引导还是推动，还是采取守护者的姿态、静静等待，应该选其中哪种角色？

我很尊重每个员工的个性，认为个性的碰撞能使公司变得强大，更快发展，因此，在公司里，我很尊重个性、重视个人表现。可是，话虽这么说，实际情况是技术、销售、财务等，公司内部的一切几乎都只有我一个人表现。或许因为这个原因，随着员工增多，公司内部开始冲突不断。我还失去了宝贵的伙伴。每当蓦然回首，我的身后连一个人也没有，形单影只，就是我真实的感受。

借着这个机会，我开始不再自己做任何事情，把技术、销售甚至财务全部交给员工。可是一放手，却发现事情的进展往往不能如愿。我自己是技术出身，在技术研发上看得牙直发痒，销售也进展得不顺利。特别是销售，处处只想着迎合公司同事的便利，用这种态度面对客户，结果把客户惹生气了。

为了培养员工，应该用什么方法对待员工，请塾长指点。

◆ **塾长答**

社长必须在现场，对一切情况随机应变。

有问题要当场指出

在您提问时我就在想，您是个认真的好人，是个好技术人员，但却不是一位好领导。

社长认真、性格内向，总想分清楚社长应该引导还是推动，又或者是守护等待。这是不可能分清的，这几种角色都需要。

那些企业咨询师常常说："社长事事亲力亲为，这是最大的问题。正因为这样，才无法培养出人才。不把权限下放，就不可能把人培养成才。"然而并非如此。的确,咨询顾问所教给领导者的管理方法中加入了心理学等内容,但这些都是纸上谈兵,实战完全不是那么回事。俗话说"城里道场用木刀传授的剑道在斩人时派不上用场",讲的就是同一个道理。

过去,在对人发火、批评人方面,我也曾经被专业的咨询师指出过问题。

"不管是在事务所还是在制造现场,不要当众对部下发火。否则,就会伤害他的自尊心和名誉,使他灰心丧气。在有些情况下,他们不但不会改正你指出的问题,还会产生逆反心理。不!甚至还有可能招来厌恶和记恨。在生气的时候,要把人叫到社长室,在没人的地方指出对方的问题。"

他们基于美式心理学,这样告诉我。

但是,在现实中,身为领导,不可能做这种做梦一般的傻事。当下的问题必须及时指出,如果隐忍不发,事后才批评,工作不可能有进展。况且,在公司里,事务繁忙,怎么可能有空闲惦记着这些陈谷子烂芝麻的事情。纵然想起来,跟对方说"其实,在三小时之前……""关于昨天那件事……""一周之前有件事……",被批评的人也"丈二和尚——摸不着头脑"。如果,现在失败了,出现问题了,就应该大喝一声:"喂!"被呵斥的人才会猛然惊醒说:"对不起,我知道了。"事过境迁再把人叫来训斥,根本不起作用。而那些咨询师却煞有介事地教人这样批评人。

您的问题大概也是来自那些经营培训班里咨询师的传授。应该引导、应该推动，还是应该抱持守护的态度，这些全部都需要。有时必须循循善诱，有时必须用力推动，有时必须静静守候。所谓领导力，其实就是随机应变。

刚才咨询师指出问题的方法也一样，那些做法不可能在实际工作现场、现实的修罗场⊖派上用场。

要在现场这一修罗场派上用场

说起修罗场，我回想起来，我最喜欢的哲人身上也发生过类似的事情。

这位哲人先生是一位出色的人生智者。可是，在初中时，他曾因伤害朋友而进监狱，是一个让父母、师傅都束手无策的暴力少年。当时，据说只要他一把手杖刀在手，面对任何人都能战无不胜。

他在中国东北和俄罗斯边境地带的时候，一位剑术高明的新阴流⊜道场教头从日本被送来担任先生的部下。这位高手和先生闲暇时常常切磋剑术，先生总是被打得落花流水。先生有三位下属，当三个人一起上时也一样一败涂地。于是，先生想："不愧是新阴流的真传弟子，果然厉害，有这位剑道高手

⊖　古印度神话中的恶神阿修罗与天神战斗的场所，通常形容残酷的场合。
⊜　日本上泉信纲于16世纪60年代创建的剑术流派。——译者注

和我在一起，简直就是如虎添翼。"

有一天，一帮盗匪挥舞着青龙刀包围了先生等人。先生想，现在正是那位高手上场的时候了，于是他说："大师，现在要靠你了。"高手慢慢地走出来，从手杖中拔出刀，端端正正地摆好架势，一动不动。"不愧是剑道大师。对方把青龙刀舞得虎虎生风，却不敢靠近"，起初先生想道。

然而，时间一分一秒地过去，剑道高手依然纹丝不动。先生感到很奇怪，目光一转，只见剑道高手汗流如注，全身僵硬。这可不行——先生一惊，把自己的手杖刀向旁边一挥，直接开始劈斩过去。很快，四五个敌人被击败了，就在那一刹，那位剑道高手明明没出过一招一式，却身子一软，瘫倒在地。

就像哲人先生的这个故事一样，在道场上学的剑法是派不上用场的。前面咨询师所教的批评方法，在实战中也派不上用场。当众批评或许的确会伤到当事人的面子，这个道理我也明白。但是，在实际的现场工作中，却没有时间顾及这些。所以，我总是当场火冒三丈。

不过，我会把员工召集起来，说清楚自己当众发火的理由。

"本来，书上说，批评人应该避开众人，找个私下的场合。可是，如果真这样做，就不用工作了。所以，就算当着你们大家的面，我也会发火。我发火，并不是怨恨谁，也不是看不起谁。工作这种东西，如果在犯错的瞬间没有被批评指正，就不会出成果。所以，我决非傲慢不逊，也不是故意不给大家面子。我希望被我批评的人，和在旁边听着的人都明白这一点。在我们公司，不管旁边有人还是没人，有错就要直斥其非，迅速解决问题。"

我和全体员工达成了共识。同时，我还举办空巴[一]，就像在盛和塾一样。

通过酒话会互相摸清脾性

"离开工作场合，大家就不要有上下等级的分别，相互推杯换盏。如果有意见的话可以直说"，通过酒话会，不分上下互相交谈。在这一过程中，大家就会成为真正互相信任的伙伴。然后，"如果那些认真听自己讲话的人对自己提意见，就应该一边喝酒一边仔细倾听"，在酒话会应该采取这样的态度。

您觉得，既然已经把一切都授权给下属，自己再越俎代庖岂非不妥，没有这回事。虽然，不必耀武扬威，但发现什么问题就要直斥其非，同时，也让下属说出自己的意见。这种程度的交流是必需的。在交换意见的过程中，工作就像洗小白薯一样不断地得到切磋琢磨。

"如果我说话，就是横加干涉，大家岂不是会失掉自主

[一] 稻盛独创的酒话会。——译者注

性""既然把权力下放了,就不应该再说什么",这简直是胡说八道。您尽可以授权,但授权以后,一旦出现问题,您仍然是最终责任人,所以尽情地表达自己的意见。假如员工一被指出问题就萎靡不振,这种软弱的家伙得到权限,反而会坏事。

在销售方面也一样。销售把公司内部的问题带到外面,令客户大皱眉头。对于这个问题,您说想再等等,让他们成长,但是,不能这样放任自流。这是必须遭到痛斥的问题。

差劲公司的销售每当做错什么事,自己不愿承担责任,而是把责任转嫁给其他部门,比如制造部门。"真抱歉。您生气是有道理的。都是我们公司的制造部没有责任感,我已经反复叮嘱不要迟交货,可是那些家伙……",就像这样,他们自己做好人。我曾为此大发雷霆。

"你是傻瓜吗?!我们可是制造商。制造部失掉信誉的话,可会成为公司的致命伤!就算制造部迟交货、犯了错是事实,你也要动动脑筋。你应该说:'制造部已经很努力了,但是我这个销售迟开票据,交货才迟了一天。对不起。'因为销售犯错而迟了一天,公司的信誉还能少受伤害。如果说制造部忘记了、制造部的材料出了问题,这样一来公司就会失掉信誉。在这种时候,你不能庇护制造部,承担起责任,这像话吗?!"

还有,有些销售听了制造部的意见去和客户谈判,却在听完客户的话之后,立马觉得客户是对的,回来后对着制造部拼命为客户辩解。我毫不客气地说,"喂!你以为你的薪水是谁开的？！"像这样的事例数不胜数。

在这种时候，不必顾虑，不必多想，要毫不客气地呵斥。但是，为了使批评起作用，事先要相互摸清彼此的脾性。而要做到这一点，就要和员工一起举办酒话会，就像我在盛和塾举办的一样。

现在，盛和塾还在举办车轮般团团围坐的酒话会——这种酒话会现在已经不多见。本来，没有举办它的必要，但我仍然举办的原因，是希望诸位塾生能把它搬回公司，在公司里举办酒话会。

经营问答二

怎样使员工保持完成业务的高度积极性

⊙ **问题**

从事模具零件销售的经营者提问,在员工的努力下,公司成功扭亏为盈,但怎样才能使员工把对工作的高度积极性保持下去?

□ **塾生问**

提问的主题

我想请教的是如何才能使员工对完成业务抱有高度积极性。

本公司自从成立以来,首次连续两年出现亏损。为了摆脱这种状况,在这一年时间,我们采取措施,对营业所进行合并整改,促进工作效率的提升。在这个措施的作用及员工的努力下,今年总算在销售上盈利2 000万日元。

但是，做出这个成绩后，大概是因为完成目标带来的安心感，员工的意识产生了微妙的变化。在公司的这里那里，开始出现不满和抱怨。销售抱怨每个人负责的工作数量增加了，忙不过来；女员工则抱怨事务性工作又紧急又烦琐，导致下班时间被拖延，几乎没有私人时间。

管理者也因为过于忙碌，忽视了下属，使这些问题搁置一旁，没有得到及时解决。因此，由于压力过大，员工之间开始闹别扭。假如增加人手，减轻人均负担，给员工加薪，也能解决问题，但为了产出利润，现在还不能这样做。继续这样下去，很难保持员工对工作的高度积极性。

为了使企业在严峻的社会环境中生存下去，今后还要靠员工在努力工作的基础上产出利润。然而，我不知道怎样才能使员工保持高度积极性。恳请塾长指点。

提问背景

本公司是销售模具零部件的商社。制造汽车、家电、手机等产品必定需要模具。我们是向汽车、家电厂商及其供应商提供模具组件的公司。年销售额18亿日元，员工约有40人。

1970年，我父亲开始从事现在的生意，在经济高度发展的环境下，销售额蒸蒸日上。我在23岁加入公司，之后按照自己的意志开始进行企业改革，为提升销售做出了巨大的贡献，为此我十分自豪。

我 35 岁时，父亲因肺炎突然去世，由我继承了企业。之后，由于行业蓬勃发展，我们的销售额、利润都顺风顺水，一路增长。同时，公司还在其他县的 A、B 地成立了新营业所，我觉得自己"很能干，很有经营的神经"，在身边的银行和供应商的纷纷吹捧下，我也完全以为自己是这么回事。当时，我特别热衷于塾长不太提倡的青年会议所的活动。

但是，不言而喻，人生不可能总是一帆风顺，让企业赚钱也不是那么容易的事情。从 1998 年开始，汽车行业开始动真格地、大刀阔斧地削减设备投资，推行零部件标准化，来自厂商的模具订单数量锐减。于是，从未尝过萧条滋味的模具行业首次遭遇了前所未有的不景气。

本来为了在全日本拓展业务而增设的 A、B 营业所也没有产生销售，只会耗费经费，变成了赤字窟窿。而且，原有的、在其他县的 C 营业所由于所长几乎从不跑业务，结果惨遭萧条吞噬，销售额眼看着直线下降。后来我才发现，当时 C 营业所的员工对所长已经失去信心，完全没有工作的意愿。

当我察觉有问题时，1999 年，最终出现了 3 700 万日元亏损。次年，也就是 2000 年，也出现了 6 300 万日元亏损。这时候，我才意识到，自己在这几年没有为公司做过任何贡献，而且，虽然员工拼命努力工作，但我却脱离现实，沉溺于青年会议所的活动，并把这视为理所当然，而且还误以为自己是个"能人"。

在这之前，公司的销售没费什么劲就取得了增长，所以我也不太在A、B营业所露面，对所长也没有具体的指示和指导。C营业所也一样，虽然已经出现问题，但我却毫无察觉，更别提解决，一味放任自流。这怎么可能赚到钱呢？

父亲辛辛苦苦创立了企业，而我只不过是继承了它，后来又赶上行业的好景，公司才有了利润。这说起来多么丢人。

我终于意识到这一点，打算重整旗鼓，于是积极投入企业经营，指挥、指导员工，同时加强了与员工之间的交流。我开始合并整改营业所，改革人事制度，改革物流，重新分配员工岗位，把合适的人才放在合适的地方。做得越多，我越感到自己过去对事业的荒废，也越了解到员工的勤奋。他们没有抱怨现状，而是勤勤恳恳地努力工作。在自我反省之后，我向员工道歉，并开始热切地告诉他们自己打算从零开始出发。

虽然，因为连续两个财年亏损，公司资金周转不畅，环境比较艰苦，但我深刻地意识到，这是自己种下的苦果，所以没有削减任何员工的薪水或奖金。员工开始对公司生存有了危机感，同时，我坦诚地承认自己的错误，谦虚反省，赢得了他们的理解。他们每天全力以赴，努力工作，直到夜深。

于是，在大环境萧条的情况下，本财年我们销售额增长了15%。同时通过整合营业所，经费得到削减，产出了2 000万日元的销售利润。虽然，销售利润只有1%，在塾长看来还远远不够，但在这么短的时间内，在如此不景气的情况下，能回升到这个地步，我觉得已经很了不起，由衷地感谢员工。

但是，经营企业真的很难。当有"让公司盈利"这个明确目标的时候还好，一旦这个目标获得阶段性实现，大概是放下心来的缘故，员工一直保持的高昂干劲开始一点一点地消散。

由于营业所合并，销售人员及内部跟进订单的女员工单人工作量增加，每天下班的时间变迟。随着压力累积，及新人事制度的导入，还有因为解除职务而导致的工作意愿变淡，员工之间逐渐开始出现不满。同时，员工之间的人际关系也开始扭曲。

体育竞赛中也常常出现类似的情况。当有"胜利"这一明确目标时，为了取胜，队伍中的所有人团结一心，拼命奋斗。可是，一旦获胜，队中就会出现各种矛盾，最后变成一盘散沙。我们公司现在正是这种状况。

这个问题无论如何也要解决，可是，现在好不容易才刚刚开始有利润，我不能轻易增加人手来减轻每个人的负担。然而，如果继续按照现在的人员工作下去，员工的负担就会比较大。而且，尽管他们很努力，我也不可能给他们更多的薪水。虽然，员工也从一定程度上表示理解，但如果不以某种形式解决现有问题，我想，员工的积极性是不可能继续保持下去的。

现在，我采取的措施是与每一个员工面谈，聆听他们对现状的不满和问题,并尽可能去解决。虽然,我们攀登的是塾长所说的小山,但在向员工进一步揭示宏伟目标之前,我们要站稳脚跟,改善公司体制,使企业持续产生利润,我觉得这很重要。

在这种情况下,我不知道应该怎么做才能使员工持续保持高度积极性。关于这一点,恳请塾长给予指导,请多关照。

◆ **塾长答**

现在才刚站在起跑线上,要描绘梦想和目标,率先垂范。

明确企业的目的和意义

您自己也很清楚了。我觉得您已经想明白了一切问题所在。

您加入了父亲创立的模具商社,自己也很努力,可是,您是在父亲已经铺好了的路上努力而已。而您却误以为公司发展得一帆风顺,是因为自己的本事。到了公司亏损的时候,您才发现自己原来什么也没有做。

您热衷于青年会议所的活动,脱离现实,对企业的状况一无所知。当您意识到这一点后,向员工坦诚地道歉,自我反省。"真的非常抱歉",您低头认错,全力以赴地推进企业改革。"对不起,今后我会拼命努力",员工被社长的真诚道歉深深地打动,全力配合,努力奋斗。于是,在恶劣的市场环境中,在连年亏损的逆境中,贵公司却成功扭亏为盈。可是,这时员工中却开始出现抱怨,所以您很苦恼,不知道该怎样引导他们。

本来,您进入父亲创立的公司,顺着父亲营造的势头经营,公司顺风顺水地成长起来。您还赶上了日本高度发展的浪潮,由于日本产业界快速发展,需求大量增加,您公司的业务蒸蒸日上。您以为这完全是自己的功劳。但后来,您意识到自己的错误,做了深刻反省,还向员工道歉,投身到员工当中,着手进行各种改革,好不容易有了1%的利润。虽然,您意识到自己过去疏于经营,并能痛改前非,开始认真工作,但是,这只不过是把过去的负分归零,并没有变成正分。

过去,您是一个负分的经营者。这个负分的人总算发现自己的问题,也向员工道了歉,"对不起,从今以后我会拼命认真工作",着手推行种种改革,这只是回到零点,站在起跑线上而已。

既然站在起跑线上,那么应该做些什么呢?过去,您继承父亲的事业,顺着父亲铺设的道路奔跑,不过如此而已,但您却开始脱离企业,跑去参加青年会议所的活动。公司之所以得到发展,也只是因为搭上了产业发展的顺风车,水涨船高而已。现在,您虽然有所反省,认为"过去我只是沾了父亲经营企业的光,公司才有18亿日元的销售。我现在才发现,自己其实一直以来什么都没有做。我太对不起大伙儿了"，但是，您还没有明确地描述梦想和目标，没有清楚地讲述公司未来应该怎么样。

由于亏损，您急呼："糟了糟了！再亏损下去公司就要倒闭了。一定要想办法盈利"。因为您只给了员工这个目标，所以，一旦公司盈利，"公司盈利了！"——大家都松了劲儿，这是顺理成章的。"再亏损下去公司就会倒闭，所以，大家一定要努力盈利"，这只是最低限度的目标，亏损还是盈利并不是企业存在的目的。

过去，您只是借着父亲为企业打下的基础，在没有提出任何目标的情况下，销售也达到了18亿日元，表面上企业发展得一帆风顺。您的企业经营的模具是产业界的关键部件。不管是制造汽车还是其他任何产品，都需要模具。您的企业还担负着"提供关键零部件"这一重要社会责任。您父亲从事这个事业，只不过在部分地区销售，公司就达到了现有规模。不过，首先您必须找出工作的意义。您自身必须学习和明确自己公司存在的目的是什么，拥有怎样的意义。

"我希望把公司做成这样。过去，我没有提出任何目标，公司也自行发展到了18亿日元的规模，但是今后，作为销售、提供模具零部件的商社，我们公司要成为这样的企业，为客户提供这种产品、这种服务的同时，在几千亿日元市场规模的日本模具行业中，我们至少要取得百分之几的市场份额。我们公司的销售可以达到上百亿日元,不!应该能达到 200 亿日元。"

您必须如此讲述企业的目的和意义。

企业为了员工的幸福而存在

为什么要这样做呢?以前我也对诸位说过,在 27 岁创立公司的时候,我曾经把"让稻盛和夫的技术问世"作为创业目的。然而,新员工进入公司之后,他们逼问我:"我们未来的生活怎么办?"

当时,我发现自己的想法错了。我成立这个公司的目的明明是让自己的技术问世,却因为我雇用了这些非亲非故的员工,就必须保证他们未来的生活,还有比这更荒唐的吗?早知这样的话,我就不经营企业了。虽然心里这么想,但我已经开始经营企业,没办法后悔了。打那以后,我明白了京瓷这一公司存在的意义,是实现全体员工物质和精神双方面的幸福,之后从未改变这个理念,直到今天。"京瓷公司是为了追求公司中包括我在内的全体员工物质和精神双方面的幸福而存在的。所以,京瓷公司必须有高收益,成为在任何萧条风暴中都纹丝不动、坚如磐石的企业。因此,我冲在前面,拼命工作。而如果各位也想守护自己的生活,创造自己的幸福,就跟我来。厌恶这个目标、不愿意追随我的人请辞职。即使我再辛苦,也无法让这样的人幸福,所以,我不需要这样的人。我需要的是和我一起吃苦的人。"

我这么对员工说。您的情况跟我也很类似。

"我希望这家公司真的能让你们幸福。我继承了父亲的公司，遇到了不景气，现在才意识到这一点。我希望这家公司能成为使各位员工幸福的平台。顺便说一下，现在公司仅有的这一丁点盈利是起不了作用的。为了让这家公司变得更坚固，我们要进一步提高收益，增加销售，把它变成值得员工放心、值得员工托付自己命运的地方。所以，我会冲在前面，带头努力。"

首先，要描绘梦想和目标，满怀热情地拼命向员工讲述，我要这样做，请大家跟我来。通过这些诉求，员工的想法必定会发生改变。

好不容易才产出了一点利润，却用于涨工资。因为员工发牢骚，就做些什么迎合他们。不要这样做，您要说"我不能那么做。公司才这点利润，不知道什么时候就会陷入亏损。我希望把公司变成这样"，您必须树立愿景、目标和梦想，并讲述给员工听。

一切从那一刻开始，现在还是零。您只是从负分回到零分，站在起点上。今后，您必须向前迈进，所以，您自己要率先垂范，带头吃苦。而且，您首先要告诉大家："我在前面带头工作。"

您心里很清楚，您继承父亲的事业，做到今天这个程度。

公司也有了18亿日元销售的规模，现在，您也在真心反省，我觉得您是一个优秀的人。您有一颗真诚坦率的心，以后企业会大有可为。因为您是个明白人，所以我说得也比较直接。今后，您的企业会蒸蒸日上，有大发展，请您一定要加油。

经营问答三

怎样把自己的想法渗透给全体员工

⊙ 问题

怎样才能把自己的思想意识渗透到终端，构筑与员工的信赖关系。

□ 塾生问

我经营着一家印刷公司。包括临时工在内，一共有70名员工。其中女性25名，男性45名，平均年龄31岁。约80%的业务是印刷广告宣传品。

现在，我开始提问。一直以来，我以为自己和员工之间有充分的默契，员工对我也很信赖。但是，最近，一些公司外的人告诉我员工对我有"不信任感"，我听了感到非常吃惊。

我想，大概是领导层到管理层、管理层到其下属的思想传递出现了问题。有时，我也会有对他们不信任的感觉。我觉得应该强化对管理干部的再教育，包括这一点在内，我想请教一下，把领导者的意思传达到终端，需要注意什么要点，请塾长多多关照。

◆ **塾长答**

为员工着想，率先垂范，同时坦诚相见。

创业第三年的反叛使我发现了企业真正的存在目的

我先说结论，"您必须达到值得员工尊敬的水平"。但是，您还达不到受人尊敬的程度，所以上来就讲结论，您可能会有些受刺激。可是，目的也正在于此。正因为水平不够，诸位才会来盛和塾学习。

如果受到尊敬的话，那么，诸位所讲的话，员工都会言听计从。因为大家都尊敬你，对你们讲的话，他们100%完全信服。

我成立京瓷的时候，因为在之前的企业做出过出色的研究成果，所以，我觉得这个新公司就是让这些研究成果问世的场所。和我一起创业的7个伙伴都是我在之前公司的助手或下属。他们也认为，"京瓷公司是让稻盛先生的研究成果问世的地方"，我们之间对创业目的的认识高度一致。

这7个同伴甚至对我说，假如京瓷经营得不顺利，他们甚至可以以按日计酬的方式拿取薪水，无论公司陷入多么艰难的境地，他们都会让"稻盛先生搞研究"。还有，即便出现暂时的失败，他们也坚信"稻盛先生一定会凭着研究成果东山再起"。我们之间可谓肝胆相照，立下血誓，创立了京瓷。

可是，公司成立后，不过三年，我就遭遇了员工反叛，这个目的也瓦解了。创业第二年招聘的高中毕业生团结在一起，在进入公司一年后，向我提出要求："今年夏天的奖金能给多少？如果不能给我们多少多少奖金，我们会很为难。""今年夏天要给多少日元奖金""年末要给多少日元奖金""明年春天工资应该涨百分之多少"，对方甚至写下未来5年的要求，画上血押，交到我的手上。

"你们胡说什么。大家明明在进公司之前就知道我们是刚成立的公司。正因为这样，当初我才拜托你们帮忙，一起齐心协力把公司做好，我自己也一定努力。我是打算把公司长久经营下去的，不可能满足你们提出的关于工资和奖金的要求。公司才刚刚成立，正是需要大家拼命工作的时候，我不可能承诺这些自己都不知道是否能做到的事情。"

"你不答应，我们就辞职。"

"不行，你们不能辞职。"

"既然不希望我们辞职，就接受我们的要求。"

"就算我说接受，但假如公司朝不保夕，又怎么能够承诺未来五年的事情呢？！你们叫我承诺，但我要是真的承诺，那才是骗人。我不想说这种不负责任的谎言。我遵守不了这种承诺。应该说'没有能力遵守'才对。"

"不！不行！"

"我不会欺骗你们。我真的想把公司做大做强，让你们拿到不比任何公司逊色的薪水待遇，请相信我。"

尽管我费劲唇舌，拼命劝说，对方只是一味强调"不能理解"。结果，我们谈了三天三夜，最后他们总算对我的话表示理解了，然而，我当时的想法是："真糟糕，早知如此就不创业了。"

我在七兄弟里排行第二。大学毕业后，我来到京都，哥哥只读完了旧制初中，就开始去工作，供我读书；妹妹也没有升学，也去工作供我读书。我自己的亲兄弟都不辞辛劳，牺牲自己，供我读大学。我原本打算一出社会就给乡下的兄弟姐妹经济支持。所以，在刚进公司的时候，到手的月薪虽然只有 8 000 日元，但我自己做饭，挤出 2 000 日元送回家里。就像这样，我连对自己亲兄弟的经济支持也保证不了，却要在公司刚刚成立的关头，照顾非亲非故的人一辈子。

"你打算怎么办"，从奖金到涨薪，这些人要我"对一切负责"。一个在经济上连自己的亲兄弟都照顾不了的人，凭什么要照顾一群非亲非故，而且是刚刚招进公司的人？难道这就是公司吗？我明明是为了"让我的技术问世"这个帅气的理由才创业的，但事情让我大感意外。

我经常说，"在人世间，养活自己尚且不易，诸位还要养活员工，这本身就非常高尚"，事实上，这句话来自我个人的切身体会。

其实，在当时，连我自己也只是勉力维持生计，却忽然之间要对员工的生活负责。"真是岂有此理，难道经营企业就是这样的吗？"我万分沮丧。我本以为经营企业是美好的、明丽的，而且，在这中间，负责领导技术的经营者更是潇洒帅气。可是，根本不是这么回事。为了员工，我不得不吃苦耐劳，任劳任怨。我披星戴月，拼命劳作，不仅仅是为了养活我自己，还不得不养活员工。

但是，我马上调整了心态。我决心把公司存在的目的从"让稻盛和夫的技术问世"变为"追求全体员工物质和精神双方面的幸福"，并把它公之于众。

率先垂范，努力传递自己的思想

接着，我反过来向员工发起攻势。

"我创立这个公司不是为了养活自己，而是为了养活你们。所以，早上我会比你们到得更早，从制造到研究、到销售，我都全部管起来。总而言之，我会拼命努力，直到累得不知不觉睡着。为了你们我可以吃这样的苦，所以也不会对你们客气，有问题就会直接批评。"我慷慨激昂地说道。

如果换作第二代第三代经营者，在传递自己思想的时候往往会心存顾虑，生怕说得太严厉会吓跑员工，或遭受抵制。正因为怕伤面子，结果更难传达自己的思想。我本来就是个粗人，一把抓住大伙儿，把话说得清清楚楚。

"我把追求全体员工的幸福，也就是诸位的物质和精神双方面的幸福作为经营理念。所以，我会拼命工作，守护你们。相应地，我也会对你们提出严格的要求。如果你们在工作上敷衍了事，我却睁一只眼闭一只眼，公司就会倒闭。那么，就违背了'守护你们的物质和精神双方面幸福'的承诺。所以，工作马虎的人，我会毫不客气地辞退。当然，我会比你们更努力地工作。"

社长为员工吃苦，这引起了员工的共鸣。虽然常言道"不能让别人产生不信任感"，但要获得对方的共鸣，还是要靠率先垂范。经营者必须最能吃苦，这样，员工必然会追随。

我之所以跟诸位这样围坐在一起喝酒，是为了率先垂范，给诸位做示范，希望诸位在自己公司里也用这种方法和员工交流。否则，就不能形成良好的沟通。

尽管想传递自己的思想，但如果一板一眼、板着脸孔讲话的话，不会有人愿意听。就算听了，也是左耳进右耳出，什么都听不进去。不管烤鸡串还是什么别的，一边吃点小菜喝点酒，一边说："怎么样，你不这么想吗？"用这种触动人心的方式讲话，否则别人是听不进去的。所以，我经常采用酒话会这种形式进行沟通，我认为这是最好的沟通方法。

在京瓷，约莫在20年前，我亲自去与员工沟通。其中最突出的是忘年会。当时，京瓷员工已经近千人，所有部门都举办忘年会，所有忘年会我都必定出席。所以，整个12月我都在参加忘年会，没有一天休息。在忘年会当中，我对所有员工说"拜托你"，给他们斟酒，在席间游走。

当我这么做时，那些对我缺乏信任感的人只是"嗯"一声，反应冷淡，我马上就清楚了。我这边越热情"来来来，喝一杯吧"，对方越容易露出不信任的表情。只要端着酒走一圈，马上就看得明明白白。

"你是不是有什么不满？"就算这么问，对方一开始也只会说"没……"。再追问下去，心中藏有怨气的员工必定会开始表达自己的不满。仔细一听，有些不满的确是因为自己做得不周到而导致的，但八成以上是他本人爱闹别扭，自己做得不对反而责怪别人。"等一等，你的性格有点别扭吧。我是好意，为什么你偏偏要曲解我的做法？"有些人不管别人做什么、成就什么、公司做什么，全都往坏处想。每当这时，上一刻我还在说"加油干"，下一刻就突然呵斥："喂，你这家伙！"然后抓住他，当场开始说教。

对方喝了酒，才会表露自己的真实情绪。所以，他说的都是心里话。不管任何人有怎样的想法，在他喝了酒以后，别人就能看得一清二楚。

对拼命努力工作的人说"拜托你了"，对有问题的人说"你错了"。同时，如果自己被别人指出错误，也坦诚地说："你说得有道理，我改。"酒话会其实是一个修行场，它是锤炼自身的场所。

和员工相互讲述心里话（与美国干部的小插曲）

在我用这种风格经营企业的过程中，也曾被人批评冷酷无情。这里有个有趣的例子。

以前，我曾把美国京瓷公司的社长、副社长级的人集中到圣地亚哥，举办了为时两天的经营学习讲座，让他们学习我的经营哲学。在讲座中，我提前把英译版的《提高心性，拓展经营》发给他们，让他们写读后感。可是，他们的读后感尽是"看了这本书后，感到很厌烦"之类的内容。"这本书说工作不是为了钱。我们就是为了钱才工作的，现在却说不能为了钱工作，这是什么意思？这完全不符合我们美国人的风格。"讲座还没开始，我的哲学就遭到了所有美国干部的排斥。

于是，我拼命地把京瓷哲学掰开揉碎，细细讲解。我是真的为了所有员工的幸福着想，真心诚意地在努力。为了守护员工的幸福，必须把这些哲学当作行为指针，必须成为高尚的人。我围绕这些话题，不厌其烦地向他们解释。

我讲了整整一天，原本抱有排斥心理的干部接受了我的观点，而且还直夸"了不起"。尤其是麻省理工博士毕业，耶鲁、哈佛大学毕业的人，对哲学十分接受，说："京瓷哲学很了不起，我们也要按照这些原理原则去做。"在讲座的第二天，所有人都非常赞同我的经营哲学。

说服员工的理念必须是能引起员工共鸣，并且使他们愿意共有的东西。"原来如此，原来这就是我们社长的经营理念，我也非常认同，也想拥有一样的理念"，理念必须优秀得足以使人产生这种想法。

问题出在那之后。到了第二天的最后，这些生活习惯不同，哲学、宗教信仰、历史、思维方式也完全不同的人们听得如痴如醉，不但理解了京瓷哲学，而且产生了行动的冲动。"大家按照京瓷哲学行动吧"，当我正打算以这句话收尾时，一位在我们公司工作了10年的干部举手提问。

"从昨天开始听您讲话，简直好像在读基督教的福音书一样心情畅快，令人感觉很有道理。大家也很接受，我也是。但是，现实却不一样。您之前一直在讲爱啊关怀啊，但您是否记得三四年前，在京都召开的经营会议上，一位社长意气风发地发表把一直亏损的公司转为盈利的事情。

"当时您对他很冷淡。以前企业亏损时他惹您生气，但盈利之后，也得不到您的好脸色，他感到十分灰心。我也觉得，亏损的时候您大发雷霆，盈利时连一句夸奖也吝啬，您真的很无情。

"后来，在聚餐吃鸡素烧的时候，因为那个社长太消沉，我觉得他很可怜，忍不住跑到您那里说'您太无情了吧'，您还记得吗？您好像也有些接受我的意见，去到那个社长身边，拍了拍他的肩膀，说了一句'加油'之类的话。从昨天开始，您一直在讲爱啊，关怀啊，为了员工的幸福之类的漂亮话，其实，您是一个很无情的男人，心里根本没有什么爱。"

这番话就是对我的不信任。正当大家都开始信服哲学的时候，却有人说了这么一番话，这样一来，我在这两天讲的话都会变得徒劳无功。所有人都会觉得，原来如此，这个人为了把自己的行为合理化，费了一大堆口舌，洋洋洒洒地讲了那么多话。大家的心态一下子就会发生180度大转变。所以，在这种时候，我不能诡辩，而必须堂堂正正地反驳。

"没错，的确如你所言，我是一个无情的人。问题是我为什么要无情。你刚才说那个社长的公司过去一直亏损，后来盈利了。可是，当时他们的盈利只有芝麻绿豆大小，过去累积下来的亏损金额却很大。我能夸他吗？如果我夸奖他，他或许会很高兴。但是，假如他因此而自我满足，那该怎么办？我说的是'要保住员工的饭碗。要让员工得到幸福'。员工的工资年年都要涨，就凭那一丁点儿利润，不可能为员工的工资提供保障。正因为如此，我才对他严厉地说，'这点蝇头小利也算得上利润吗'，听了这番话，他或许会大受打击，甚至会恨我。但是，就算被怨恨，我也要这么说。

"第二年，他通过努力，产出了更多利润。这次，利润达到了正常水平，所以我表扬了他，夸他'了不起'。但是，如果才取得一点点利润我就表扬他的话，那家公司就不会有今天。

"佛教中有大善和小善的说法。比如，因为疼爱孩子，就一味溺爱他，结果长大以后他变成了没有出息的人。这在佛教中叫作'小善似大恶'。疼爱孩子是好事，父母看起来在做好事，但却因为这种狭隘的爱，酿成了不得了的大恶。同时，有一句话叫作'大善似无情'，还有一句话叫'让心爱的孩子出门旅行'，说的就是同样的道理。让心爱的孩子出门远行，从旁人看来，也许会指责父母。但是，只有这样严格要求孩子，他才能茁壮成长。这看起来很严厉，实际上是一种大爱。

"普通人做不到大爱。它看起来十分无情。一个领导者如果做不到这种无情，根本就没法谈。像你这样，只顾眼前做好人，是做不好事情的。我常常说要爱惜员工，指的并不是纵容他们，姑息他们。就算给员工很多奖金和薪水，他们也不会跟着我。"

我觉得，如果我们的对话要起到真正引领的作用，就必须像刚才我说的话一样直截了当。因此，不要害怕，走到员工的中间，跟他们交谈。如果太刻意地走进员工中间，跟他们交谈，会引起他们的警觉，所以，应该采用酒话会之类的形式进行。

只是，如果酒话会的费用全部由公司出的话，有点过于娇惯员工，所以我让所有参加酒话会的人分摊费用。诸位在公司里，可以让员工负担一半，自己负担一半，创造沟通交流的场所，跟员工交谈看看。

要培养受员工和顾客尊重的高尚人格，这十分重要

但是，假如要真正传达自己的思想感情，就算喝再多酒，也不如具备高尚的人格，让员工感觉"我们的社长是很优秀的人"。

在商业中，道理也一样。虽然我常说"做生意信用第一"，然而，商业最大的奥秘是获得客户的尊敬。假如被客户尊敬，就不会出现对报价讨价还价的情况。因为客户迷上你的人格，所以他们会想，"我要从那个人那里买东西，价格高低都没有关系。我会从某某店购买东西。"

"儲"这个汉字⊖，横着读就是"信者"。也就是，只要创造信任，就能赚钱。不仅客户，还要获得包括员工在内的所有人的尊重。为了获得别人的尊重，自己的人格、品性必须胜人一筹。为了这一点，今后您也要在盛和塾努力磨炼人格。

⊖ 儲在日文中为赚钱的意思。——译者注

经营问答四

怎样培养干部

⊙ 问题

怎样培养干部。

□ 塾生问

提问背景

本公司是生产销售咸烹海味、煮豆等的食品厂商。创业者是我父亲,我们家是三兄弟,清一色男人,我哥哥是社长,我是副社长,弟弟负责财务。

近10年,本公司一直被销售停滞困扰。直接的原因是大前年投资了新工厂,折旧增加,主要原材料因为气候异常,突然供货短缺、价格高企,导致销售减少,毛利降低。但是,这几年我们没有推出畅销产品,我认为这才是业绩增长不了的根本原因。

按照现在的态势，我们根本不可能实现经常利润10%的目标。不管怎样，我们也要锤炼自身经营中的杂质，一定要把公司建设成为资本雄厚，真正使员工额手称庆、安心生活的企业。为此，我一直感到很苦恼，每天都全力以赴地投身事业。

问题阐释

在为业绩停滞不前而困惑当中，资深干部在实际工作中的倦怠感变得十分突出。怎么才能使部下真正抱有危机感，改善工作质量？

本公司的社长和副社长太过强势，部长以下的员工常常被批评缺乏主动性、被动等待指令。最近我意识到这个问题，有意识地划分责任，进行授权，但却实在无法放任不管，常常忍不住插嘴，"你应该这样做、那样做"。不过，我们正在实施阿米巴，进行利润核算及推进哲学教育，逐渐地，一部分人身上开始显现出责任感，工作也发生了变化。

以下归纳了我自己的反省和今后的决心。

第一，反省自己不能对部下进行严厉批评，最近看到错误的事情，不再轻易放过，而是注意及时批评。

第二，本公司人事状况长年没有调整，这给了员工一种感觉：就算工作没有成绩，也不会被撤换；即使没有做好该做的事情，最多被批评一下就算了。这导致员工对工作敷衍了事。还有，因为部下迟迟培养不起来，人才不足，因此更不愿意替换用惯用熟的干部，害怕存在风险，于是始终保持现有人事架构，以图眼前安心，这也是我反省的地方。

第三，虽然有些落后了，但是，"不排除录用新人，干脆放手让员工干""从长期培养人的角度思考问题""不排资论辈，不感情用事，而是赏罚分明"，这些想法更加清晰强烈，我们打算进行人事调整、改变责任分工，更新组织。

我打算在近期实施以上决定，现在正在与几位经营干部一起讨论组织及责任分工，以推进今后的经营战略；同时，细化新的人事架构。与过往相比，这次人事调整我们打算进一步积极听取经营干部的意见。由于哲学渗透的成效，我感觉经营干部也非常踊跃地提出建议，目前正在热火朝天地推进作业。

◆ 塾长答

用哲学打造经营者的分身。

企业规模一变大，就无法看清全局

从业绩上看，贵公司这 10 年都保持着持平。过去，在您父亲从事经营的期间，尽管销售额只有二十几亿日元，但利润却有 3 亿日元。就是说有超过 10% 的经营利润。现在，您兄弟三人拼死拼活，销售额虽然翻了三倍，但利润却比您父亲二十几亿销售的时候还低，利润率大大减少。

过去，您父亲在经营中完全是一个人说了算，到了儿子这一辈，开始懂得有技巧地经营，员工的稳定程度变高了。但是这时，您父亲从创业期开始形成的驱动力瓦解，虽然企业在形式上变得有序和流畅，但却逐渐失去了所谓的生命力，失去了强大的力量。其结果就是虽然销售额增长了两三倍，但利润率却一直停滞不前，甚至减少，现在别说10%，只有可怜的百分之几。

事实上，这种情形在所有塾生身上普遍存在。诸位学了哲学，内心非常激动，觉得"就是它了！"然后拼命在员工中宣扬，让所有人都明白，所以对哲学应该了然于胸。

您制定了自己公司的理念，还自己构建阿米巴经营，付出了很大的努力。然而，令人苦恼的是业绩和销售额并没有增长，尤其是利润率，滑落得十分厉害，因此，您抱有很强的危机感。

在这里，我想到的是组织会变得怎样。这么说是因为我制定哲学理念，并且拼命努力让员工理解这些哲学理念，实际上是有目的的。

我27岁创立公司，自己对经营一窍不通，只能照葫芦画瓢，开始经营中小企业。在公司规模尚小的时候，我绞尽脑汁，拼命努力，把公司管理得井井有条。然而，随着公司规模和销售的不断扩大，公司员工人数从起初的28名变为60名，然后是100名、200名，自己也开始看不清公司的全部。我想您的情况也类似。

把员工打造成自己的分身

企业规模变大就会看不清全貌，那么，到底怎样才能经营好公司呢？人们说，企业需要组织，需要人才，还需要很多很多东西。可我本来并没有学过这方面的知识，于是，我在实战现场学习经营。随着公司规模不断变大，我开始迫切地感到，公司需要像我一样有能力、热爱公司并且愿意守护公司的人。

就是说，我希望有人能和我一样，同样有能力，同样勤恳努力，同样为了公司夜以继日地奋斗。可是，这样的人不可能随随便便地找到。正因为这样的人极少，所以，当夜深人静，我独自一人的时候，常常想起孙悟空的故事。只要拔下毫毛，吹一口气，这些毫毛就会变成和我一样的人，我就可以吩咐这个"你去帮我管生产"，吩咐那个"你去帮我管销售"。这听起来简直像漫画一样，但我真的这么想过。

必须培养具有各种才华的部下，让他们成为各个部门的负责人。然而，如果工作所托非人，就不可能尽善尽美。还有，当夜晚我独自一人的时候常常想，又值得信任，又有能力，而且还能像我一样拼命努力工作的人是很难找到的。

我还想起下日本将棋的事。在我小时候，每到夏天，大人们就会在路旁摆好棋盘下将棋。在将棋中，如果能把敌方的

"金"或"银"拿下，当作自己的棋子使用，这是最好不过的事。按照现在的说法，这叫作外部招聘。就是从外部引进优秀的人才，但是，当时我并没有这么聪明。

我想拥有"金""银"，想要优秀的员工，所以把身旁的报纸扯下一块，在上面写上"金"，然后放在棋盘上。可是，如果只是放在那里，一阵风就会把它刮跑，所以我用唾沫弄湿它，把它沾在棋盘上，不让它飞走。还有，如果没有"金"的话，可以写上"卒"，"卒"如果能拱入敌阵，就能成为"金"，因此，我希望"卒"能尽快变成"金"。

然而，这些棋子都是用纸片做的，完全派不上大用场。一阵风刮过，它们就会嗖地一下，被刮得无影无踪。中小企业的经营与这一模一样。把人招进来，才刚用顺用熟，对方就辞职了。这就和用纸画的棋子一样，唾液一干，纸就唰地飞走了。

哲学是用于塑造"经营者"的

尽管如此，我还是迫切地期望拥有可靠的部下。于是，我教员工哲学，希望把他们塑造成和我一样的人；我向他们传达哲学理念，希望他们能拥有和我相同的心态，所以，我开始和他们交谈。这是因为，我希望他们能用相同的思维方式，和我一起经营企业。

我虽然没有管理过大企业，但却能培养出管好二三十人左右的中小企业的人才。我自己其实也就是这种水平。我想，只要能够培养出和我拥有相同思维方式、相同责任感的人才，再把各部分交给这些人，那么企业就能做大。

所以，其实我传授哲学是为了培养"经营者"。如今，您在晨会上让大家朗诵哲学，让员工学习哲学，形成良好的思维方式，这很重要。但是，哲学其实是工具，"这家伙是我的二把手。因为他必须和我一起经营企业，所以我要彻底地让他掌握哲学"。就是说，哲学是为了塑造"经营者"而存在的。

如果员工不能理解经营哲学，并把它转化成自己的东西，就不能把经营托付给他。所以，是否能成为一部之长，取决于对经营哲学、对理念理解有多深。不是光靠头脑理解，还要看是否能灵活应用在行动中。我把它作为基准，培养部下、培育人才。

向公司全体员工讲述哲学，渗透哲学，企业氛围就会变得非常良好，公司整体也很团结，会产生一定的效果，所以可以继续讲。可是，最关键的是在一开始制定它的时候，就要把它当作培养和自己一样的经营者的教材。

把组织划分为可看清核算的最小单元

所以，您说自己在看管制造现场，首先要看看您是否培养出了彻底掌握哲学的部下及组织。您虽然在推进一些类似阿米巴经营的行动，但制造部门和销售部门实力都减弱了，利润率也在降低。在您父亲的时期，他凭着直觉对一切了如指掌，所以只呵斥呼喝，就实现了较高的利润率。

而现在，管理变得精妙了。比如煮豆部门、盐腌海带部门——您公司有许多部门，要尽可能按照产品划分责任人。因为在同一个工厂，大概有许多设备都能共用。

您苦恼的是怎么才能使部下真正拥有危机意识，改善工作的品质。您说社长和副社长过于强势，部长以下的员工常被批评缺乏主动性、工作被动，只会等待指令。最近您意识到这一点，努力分清职责，刻意进行授权，却无论如何放不开手，总是忍不住横加干预。您不能像这样把人放在部门负责人的位置，把事情扔给对方，而要告诉对方，"你是这里的负责人。要把我常讲的哲学化为己用，把自己当作社长，通过独立核算管理收支"。

就是说，部门负责人就是"社长"。企业没有收益就无法成立。"你来担任煮豆部门的负责人"，既然如此，他就能利用煮豆部门的员工生产煮豆。因为是负责人，他就必须考虑，假如生产了100克的煮豆，把它装进包装袋，售价应该是多少，出货额应该是多少。如果希望从中获取10%的利润，那么从出货金额倒推，要采购多少千克的煮豆原料和砂糖等。还有，花多少时间，人力费用就会变高，所以必须把人力费控制在某个水平。

一般采购由其他部门负责，因此他们常常估摸着差不多的价格买来豆子，交给您使用。砂糖也一样，而您只管生产豆子就可以了，并负不了责任。然而，既然您是一位月销售额300万日元的煮豆部门负责人，就不能含糊其辞，而必须主动提出要求，"请买多少钱的豆子"。

而对方如果说，"没有这么便宜的豆子，价格便宜了品质会变差。"您就要说，"不行，不能降低品质，否则会伤害产品。请您去交涉，买到物美价廉的东西。我陪您一起去农户那里谈判吧。"要想收获自己那部分收益，就要有这种意识。也就是，为了培养像社长一样思考问题、一样肯吃苦的人，需要哲学。

让这种有强烈责任感的人负责管理煮豆部门。那绝不是只管好自己部门就足够了。他要构建细致周密的部门核算，全面掌控从材料费到成品、销售、利润，看清所有情况。对采购一无所知，连砂糖的价格也不了解，又怎么可能负得起责任？要有对一切了如指掌的制造部长或工厂长，实际上，组织的划分才是经营的开始。

可是，如果把组织分得过细，就会一味增加管理人员。然而，分得过于粗略，又无法使其承担责任。所以，要把组织划分为能够独立核算、能够看清利润核算的最小单元。而且，这些单元的规模必须控制在负责人能够承担责任的范围之内。事业部过多就会失去意义，所以，要尽可能保持简单，把规模控制在现场的大叔都能明白的程度，并交给别人看管。

这样一来，就能看清使用了多少原材料，看清生产出来的产品是用什么方法销售出去的。从销售额中扣除使用的材料费及人力费用，就清楚这个月产生了多少利润。同时，就算没有利润，也能思考哪些地方出了问题，该怎么办。如果把它看作机器的操控盘，就可以知道应该关掉哪个阀门，或者打开哪个阀门。当赚不到钱的时候，可以让各个部门缩减多余的经费。但是，过度压缩成本会导致品质下滑，这样就不像话了。要严格保证产品质量。

就连基层的临时工或兼职员工都有利润意识

其实，就连临时工或兼职人员也应该了解怎么产出利润。

比如，小时工也可以5人组成小组，选定负责人。家庭主妇也有理财神经，和一些幼稚的高中毕业生、大学毕业生相比，她们勤恳稳重得多。向这些人传授经营原点和哲学，在这个基础上，告诉她们，"请您守护这里"。

这好比石头砌成的城墙，既需要小石头，也需要大石头。把这些石头整整齐齐地堆码起来，砌成一堵巨大的石墙，这就是经营企业。而且，组织中既有小石头也有大石头，必须充分发挥所有石头的作用。而不是让它们死在那里，否则毫无意义。

首先要知道，他们没有能力。一味地茫然催促，"喂，加油干",或者"公司没有利润,你要更加努力",他们完全不知道应该在什么地方努力,怎么努力。也就是,"在这里和这里这样干,就会变成这样"——不能只有你自己明白,还必须让下面最基层的大婶也明明白白。让基层的人也清楚在什么地方、做什么才会产生利润,其实就是在增加具有经营者意识的人员。

在京瓷也一样。现在虽然变少了,以前,这些大婶们提出了许多建议。每当从大学毕业并工作了三年左右的现场负责人靠不住的时候,他下面的大婶就会说,"你应该在这里这么做、那么做。这里要改一下"。一般来说,这些基层大婶只会被动执行命令,但她们却积极地提出了许多建议。即使在仅有10人的工作现场,大婶们也接二连三地提出改善方案,这实际就是组织的实力。

经营者自己也往往搞不清楚利润无法产生的原因,或利润产生的方法,更何况基层的人们,他们更不可能了解。要把产生利润的方法清楚明白地告诉员工,甚至告诉那些身居基层的大婶。我觉得,您的企业缺乏这样良好的组织建设。

不是"全部委托",而是让人"负起责任"

您打算干脆把工作全权委托给别人,却不能完全放手,偶然会训斥部下、横加干预,您说必须反省这一点,其实没有必要。为了授权而授权是下下之策。不是把工作全部委托给员工，而是让他们负起责任来。

人们常常提到授权这个词。经营者不能总做独裁者。要让公司规模变大，就要懂得向下授权。可是，这并不代表着把工作扔给他们，而是让他们学会承担责任。既然要让下属承担责任，而自己又是他上面的负责人，所以，只要事情进展不顺，您就有权呵斥，"这么干不行！要这么做，那么做"，或出手相助，这是理所当然的事情。

咨询公司的人常说，"对部下说得太多，是培养不了人的。既然全部委托给对方了，就要信任对方，放手不管"，这是完全是站着说话不腰疼。实际操作起来，早就惊出一身冷汗，怎么可能袖手旁观，无动于衷。"你在搞什么？！笨蛋！"会这样训斥员工是理所当然的。如果部下因为这样就干不下去，那么，更完全没有理由让他承担责任。

您说自己虽然起步晚了，但希望雇用新手，干脆利落地把工作都交给员工。不能轻易对工作放任不管，而是让他们负起责任。而您必须思考的是应该怎么做，才能让他们负起责任。

关于不排资论辈，而是赏罚分明这件事，只要有责任感，您可以起用新人。这是因为，您的企业变得智能化，全公司都处于被动等待指令的状态，反正上面的社长、副社长会拼命努力，员工只要按照他们的吩咐去做就可以了。这如实地反映在销售额和利润上：销售额连续持平，利润率低下。所以，请您务必加油，改变这一状况。

经营问答五

如何处置不称职的资深干部

⊙ 问题

应该怎样对待在能力、实力上都有问题的资深干部。

□ 塾生问

提问背景

本公司是从事测量、土木工程设计、赔偿咨询的企业，由我父亲在1968年12月创立。刚开始时，企业只从事测量业，员工有4名，后来顺应需求成立了以设计为主业的建筑咨询部、赔偿咨询部，现在公司有员工67名，包括两家子公司在内，整个集团一共有员工102名。

董事由身为社长的父亲，负责总务、财务、人事的母亲，负责技术及业务的专务A先生，其他4名人员和3名原政府退役官员构成。

我大学毕业后，在同行的大型企业就业，从事道路设计，两年后进入现在的公司。在测量部历练一年、设计部历练两年之后，我被调到销售部，担任业务董事，两年前开始担任常务董事的工作。

A 先生在 1975 年进入公司的测量部，先是担任技术人员，后来成为测量课长、业务部长，1994 年成为负责销售的常务董事，前年开始负责技术，担任业务专务董事。他热爱公司，虽然家里兼营农场，但对加班和休假日上班毫无怨言，平时一年也就休息两三天，是一位干劲冲天的员工。但是，另一方面，他自尊心很强，在一些细节上不太注意。以前，在忘年会的时候，我假装醉酒，向他提意见，希望他能改正，但他却立马激动起来，当场就开始怒骂。A 先生的这种性格，员工都心知肚明。

A 先生当上业务专务董事的原因如下。

我从负责销售的董事晋升为常务董事时，因为 A 先生担任过销售常务，社长认为，其他三位董事对我成为他们上司都表示理解，但却害怕 A 先生因为我和他成为同级，有损他的权限和面子而愤愤不平。员工都很了解 A 先生的性格，如果让我和 A 先生都担任常务，担心员工会想，"为什么公司明知道 A 的性格，还这样安排"。由于这两个理由，公司让 A 先生担任技术领导人，并负责一部分销售工作。

然而，这几年他在管理能力、经营能力及实力方面都出现了一些问题。

具体说来，就是好几位技术管理干部因为Ａ先生而辞职。他把责任推卸给部下，为自己开脱。当社长命令他去说服管理干部的时候，他却常常把管理干部带到社长室，自己置身事外。他还把机密泄漏给员工。对自己职务权限范围的削减非常敏感，反应强烈。不愿意把任何业务权限及责任让给部下。对技术提升、制造成本率降低、销售提升，Ａ先生也没有什么明显的贡献。

社长、各条线的专务董事和我对Ａ先生的评价几乎完全一致。还有，经过交谈，我们一致认为他也许更适合担任测量部长的职位。但是社长对怎样具体处置Ａ先生感到十分苦恼。社长似乎希望通过把我晋升为专务，缩小Ａ先生在公司内部的权限范围，可是，我担任常务不过两年，对此持反对意见。社长对此表示理解，但对把Ａ先生降职一事感到左右为难。

我个人的想法

事实上，我现在只能对社长表达意见。从客观评价，现在的状况就是所谓的人事安排不当，如果不采取任何措施，会对不起员工。但是，在中小企业中，降职不太容易被人接受，如果这么做，或许会遭到员工无声的批判，使他们失去对公司起码的安全感和信任。因此，我对社长提出以下几个建议。

第一，不要更改职位名称，让Ａ先生继续担任业务专务董事。

第二，收回交给A先生的业务，让他担任品质管理负责人，负责今年2月本公司获得的ISO9001相关工作，担任品质管理方面和测量部部长的职务。

这么做他本人大概会极为不服，或许还会对身边的员工抱怨或者批评公司，但是，从A先生迄今为止的工作表现考虑，我想员工也能表示一定程度的理解。同时，按照现状，A先生负责的业务中，建设咨询部、赔偿部、总务部都已经有董事负责，销售部由我负责，因此，就算A先生辞去现在的职务，工作的跟进也不存在问题。

不管有什么理由，特别优待一名员工，就是对其他员工的不公平。但是，对特别在意自己权限和地盘的A先生而言，这个决定也许会使其他员工感觉过于苛刻，不近人情。

请塾长批评指教，多多关照。

◆ 塾长答

在追求效益的过程中，人事问题要黑白分明。

赢得员工信赖和信任之后，再决定怎样处置资深干部

我问您一件事。最后您说"特别优待一名员工，就是对其

他员工的不公平",您指的是即使工作不称职,也给 A 先生专务的待遇,这是不公平的,是这个意思吗?

塾生:是的。

塾长:可是,您又说,A 先生很在意自己的权限和地盘,如果缩小他的权限,"其他员工或许会觉得过于苛刻,不近人情"。这句话的意思是说,如果让担任专务的他去负责品质管理和测量部长的工作,或许会被批评过于苛刻,对吗?

塾生:是的,是这样的。

塾长:这中间存在矛盾。如果保留他现有的地位权限,就会被员工说"凭什么特别优待那个专务,他连工作都做不好",但如果只让他负责小一些的业务,员工却又会觉得他"好可怜"。

塾生:是的。

塾长:这真是不得了。如果这个人一气之下提出辞职,从过去的历史看来,贵公司在技术的方面会不会遭到巨大的打击?说得极端一点,那个人如果生气辞职,很有可能跳槽去同行其他公司,如果他跳槽去同行其他公司,贵公司是不是会遭受巨大的伤害?也就是,那个人是不是像脓肿一样,辞不得、触怒不得,必须小心翼翼地对待?到底是什么情况?

塾生:我想在销售方面和人才方面会出问题。在销售方面我觉得影响不是很大,但人才方面是个问题。虽然没发生过这种事,不知道会怎样,但他很有可能会从我们公司带走技术人员。在这方面，我们只能信任自己公司的员工。

塾长：结论就是，这个专务过去不称职，没有做好专务应有的工作，所以，把他放在专务这一仅次于社长的二把手位置上，会被员工看作公司人事安排不当，对吧？

塾生：是的。

塾长：把他从专务职位撤下来，或者让他辞去董事职位，对全体员工绝对不会带来什么好影响，因此，您父亲进退两难，而您也觉得不应该这样做。因此，你们在考虑表面上让他保留专务董事的职位，实际上缩小他负责的业务。即使缩小了他的业务，各个业务都有董事负责，所以也不会有大碍。我觉得可以这样做。

话虽然这么说，但就像您所说的，A先生是一个自尊心很强，很要强的人。他的自尊心极强，只要对这个处置不服，一定会大发牢骚。"这么长时间以来，我为这家公司勤勤恳恳地贡献，现在却这样对待我，实在太过分了"，他必定到处抱怨，向自己的部下、身边人发牢骚，在公司内部大鸣不平。

您父亲让您这个儿子担任常务董事的时候，就想到一直担任常务董事并兼顾销售业务的A先生必然会生气，所以灵机一动，把A先生升为专务，对吧？

塾生：是的。

塾长：所以，您父亲是为了提拔您才导致这种问题。原因可是出在您身上。

塾生：您说得没错。

塾长：不，我并没有责怪您。家族企业必然会受到这种问题的困扰。但是，这并不是坏事。

您很优秀，所以您父亲想让您担任常务，负责管理销售业务。但是，他觉得曾与您同为常务的A先生不会接受，于是让A先生担任专务。结果他不仅没有做好工作，而且因为自尊心强，性格暴躁，现在成为很大的问题。所以，虽然可以按照您说的形式处置，但那样一来，他必然会在公司内四处抱怨，说什么"社长蛮不讲理""常务故意给我穿小鞋"等，在公司内兴风作浪。甚至，他或许还会对您那担任社长的父亲、对您诽谤中伤。因此，既要想好对待A先生的策略，还不能因此动摇公司的根本。具体地说，就是必须拼命与员工交流，做员工的思想工作，就像您一直以来做的一样。

您自己必须赢得员工的信任。不管专务怎么捣乱，您取得的员工信任必须远超于他，这非常重要。

如果做不到这一点，现在开始也不晚，请您更深入地与员工交流。为了不让专务发泄的牢骚动摇内部军心，您要堂堂正正地告诉员工，"不是这样的。我们是这么考虑的，打算这么经营"，通过举办酒话会，一边聚餐，一边与大家交谈。

你们要打好扎实的基础，纵使A先生提出辞职，你们也能毅然回答"可以，请您走吧"。为了不让A先生的辞职对公司造成伤害，不让他把员工，特别是技术人员带走，您要和员工深入交谈，取得员工的信赖和信任，甚至达到让员工表态是跟随他还是跟随您和父亲的程度。

换言之，假如您的公司会被他搅得一团糟，而且一旦他辞职就会摇摇欲坠的话，那么，就不可以像您说的那样决定，做出那样的结论。

有功劳、有实力、性格有些难相处，正因为A先生是这样的人，您父亲在用这个人时，态度都像怕碰到脓肿一样小心翼翼。然而，这种态度使这个人变得傲慢，变得肆无忌惮，导致他变成这样难以对付的专务。假如您父亲能实事求是，他做得不对就是不对，直截了当地批评"你这样不行"，多敲打他一下，他就不会变得这么无法无天、无所顾忌。正是您父亲对他纵容姑息、息事宁人，才会导致今天的状况。

如果事情像您刚才所描述的一样，您父亲和您都必须采取果决的态度。因为，一旦对方提出辞职，把公司内部搞得乱七八糟，甚至因此导致员工人心涣散，事情就会变得不可收拾。或者，虽然有这种迹象，但你们没有自信处理得了他，只得像过去一样，采取小心翼翼的态度，就像害怕碰到脓肿。

但是，这个脓肿必定会继续膨胀下去。它就像脓包一样，就算有所缓和，终有一天必会破裂，流出脓来。这样想来，也许现在就需要处置。不！是必须处置。

发动公司所有人，发起提高效益的运动

另一方面，虽然这些人事斗争的事情浮出水面，但最重要的，是你们应该发起行动，提升企业效益。刚才，您说"专务在效益方面、在减低成本方面没有任何贡献"，现在应该发动大家："现在我公司的销售额有这么多，利润却是这种情况。这些利润已经低得不能再低，甚至只能算有名无实。公司的经营绝对谈不上游刃有余。既然有这么多的销售额，不是更应该提升生产效率，减少经费，获得更多利润吗？"我觉得你们应该发起这场运动。在运动的过程中，追究责任："现在专务的工作表现完全不像话。"如果不采取这种进攻方式，不会动其根本。如此一来，员工自然会想："那个专务当不了我们公司的二把手。"

至今为止，您公司由您的父亲经营，没有亏损过，一直保持盈利。可是，这点利润微薄得可怜，在利润的底线苦苦挣扎。大概您父亲认为这样就满意了，您进入公司时间不长，也这么认为。也许，你们以为这就是经营。可是，我在盛和塾说过，"没有占销售额10%的税前利润谈不上企业经营"，您应该也听到过。从这一点看来，您企业的利润和销售额完全不匹配。

只要您在公司发起运动，动员大家产出至少占销售额10%的利润，这些人事斗争就会烟消云散。也就是，从搞好企

业的角度分出人的好坏。不是在人事斗争的角度衡量人,而是为了把企业经营好,开展大运动。在这个过程中,那位专务是好是坏自然大白于天下,不用您和您父亲操心,全体员工自然会说:"那个专务不称职,应该把他降级。"然后开始采取行动。就是说,把整个公司的注意力引到提升业绩这个方向上,我想这是最好的办法。

经营问答六

如何对待不称职的经营人员,及如何对二把手授权

⊙ 问题

关于如何对待不称职的经营干部,及是否应该对可信赖的二把手授权。

□ 塾生问

实现第二代创业,提出三个方针

　　我父亲从事的是盒饭外卖、牛奶加工销售及小型婚礼会场经营。我于1972年进入公司。我记得,当时公司的年销售额为5亿日元,员工大约40人。

　　我们经营过餐厅、百货卖场的熟食销售、员工食堂运营等各种业务。不过,当时所在的地方还没有婚庆殡葬互助会,所以我们打算经营这个事业。四处学习取经之后,我们于1981年

获得了互助会许可证。

那之后，由于父亲打下的经营基础与信誉，事业比较顺利，得到了一定程度的发展。

现在，我们经营着4家公司。一家是房产及租赁公司，把土地或房屋出租给集团公司。这家公司成立于1971年，年销售额大约为4亿日元。第二家是我发起的婚葬公司，今年刚扩建，销售额大概有31亿日元。这家公司拥有两个婚礼会场、一个宴会会场、两个葬礼会场。第三家是经营每天更新菜谱的盒饭公司，1992年成立，年销售额约为6亿日元，今年工厂刚刚落成。第四家是销售佛坛和墓碑的公司，1989年成立，年销售额大约3亿日元。

今年集团的整体销售目标约44亿日元，所幸似乎可以完成。员工方面，正式员工约有180人，加上兼职和临时工，大约有300人。5年前父亲把社长之位让给我，之前我的职务是董事长兼专务。我父亲因公职很忙，几乎没有接触过业务。接受社长这个职务之后，我很重视"创业与至诚"。还有，我以"坚持创业"之意，提出了"第二代创业"，制定了三个方针。

第一个是"大胆变革"，时刻进行新变革，大刀阔斧地改变事业及其他。第二个是"如何培养出更多的英雄"。第三个是"关爱和谦虚"，把公司打造成为关爱、谦虚、温暖的企业。

应该如何对待经营干部及授权

其中,关于第二个方针"如何培养出更多的英雄",我有一些疑问。现在,婚葬公司已有五个事业部,正在导入八事业部体制。配合这个举动,在5年前,公司在专务之下又任命了7个董事。

这些董事的差距在最近开始体现出来。虽然这些董事都是因工作资历和为人被任命的,但我看到的是,有些人无法理解我的方针,提不出自己的意见,在能力上、领导力上都缺乏自信,因而下属的员工也不愿追随。我觉得这些人无法很好地完成董事应尽的义务和承担应有的职责。

因此,在人事方面,我想请教两点。

第一个问题是"如果被提拔为董事的人没有能力,是否可以轻易撤销他的董事职务"。我不希望员工因为这种事而觉得我是一个无情的社长,所以不知该如何决策,感到十分苦恼。

另一个是有关专务的。我的风格比较大胆,会把很多事情交给员工做。11年前,我们挖了一个58岁的专务过来,他每天早上花1小时向我汇报工作,因此我大概能够把握公司里的所有情况。我在公司外面还投资了一家旅游行业的公司,而且还是经营委员,常常要过去那边,而且还要洽谈各种新业务,常常一整天都在外面,经常不在公司。

因此,我想把公司的代表权交给自己最信赖而且尊敬的专务，由具代表权的社长和专务组成双代表机制。这件事我应该怎么考虑，请塾长指教。请多多关照。

◆ 塾长答

在确保信赖关系建立的基础上考虑去留进退。

人随着立场和时间的流逝而变化

听您的讲述，虽然您是第二代经营者，但从所做的工作来看，可以说是创业者，我觉得您非常优秀。

您的第一个问题是现在贵公司正在实施事业部制，把不少干部提拔为董事。可是有些人却无法承担董事的职责，对这些人应该如何处置，您感到很棘手。

这样的事情的确常常发生。我在创立、经营京瓷的过程中，经常对管理干部讲以下这个故事。这是江户时代的相声还是什么当中的故事，虽然有点俗，但我常讲给干部听，希望他们引以为戒。

"有一个讨饭的人，据说预测天气预测得很准。他住在桥下，如果他说'明天会下雨'，就一定会下雨。他对天气有极其出色的预知能力。这件事情一传十十传百，传到王的耳朵里。王说'太好了，如果打仗时能够预知第二天的天气，那就太棒了。把那个男子召进宫来，带来见我'。于是，那个乞丐被带到王的面前。王观察了一阵子，这个男子果然如传闻所说，能够准确预测天气。因此，王给他丰厚的俸禄，让他在王城当官。可是，当上官后不久，这个男子的预测不再准确。为什么会不准呢？经过再三调查，发现原来乞丐过去住在桥下，从来没有洗过澡。在下雨的前一天，湿气变大，他的身体变得黏糊糊的，所以才能预测'明天要下雨'。可是，一旦他进了王城，穿上干净的礼服，就再也预测不准了。"

这个故事是在哪里听到的，我已经记不太清楚了。但是，我觉得"很有道理"，在过去京瓷还是小公司的时候，我常常对干部讲这个故事。

也就是说，人因为立场和时间的流逝而改变。即便一个人在很多事情上看起来很优秀，可是，必须弄清楚他优秀的真实原因。如果只是因为一个人在现有工作上表现得很出色而提拔他到管理岗位，实际他可能并没有管理能力。也就是说，把现场工作表现出色的人提拔到管理岗位后，他反而可能干不好，我用这个例子暗中告诉干部这个道理。

这种事比比皆是。这不是您公司特有的问题，不论在哪个组织都存在。因为常见，所以，在自己的公司当中，是否真的可以这么处理？难得把对方提拔为董事，对方也干劲十足，毫不留情地把对方降职的话，或许还会引起各种问题……我想，正是这些问题使您感到烦恼。

处理人的事情需要信赖关系

关于这件事，如果您和现在的董事已经建立起了信赖关系，您可以把他本人叫来，把话一五一十地告诉他，然后让他降职。我觉得，这样做也可以让所有人明白，今后这样的事还有可能发生。

问题的关键正是您这个社长和公司员工之间的人际关系与信赖关系。因此，如果您有自信，哪怕如此激进地处理，部下依然能追随左右，一如既往地信赖和尊敬您，那么这么做也没关系。

可是，假设做不到，无论如何也要对当事人说清楚："虽然公司把你提拔为董事，但作为董事，你现在所做的工作并不称职。"如果这样会令他感到在公司里大失颜面，或者会伤害员工和社长之间的信赖关系，那么，我想，让他去做其他工作也不失为一个办法。

比如说，那个人负责的是殡葬业务，如果把他从董事的位置降为一个负责人，就会出现大问题的话，那么，也可以考虑让他去管理其他部门。

前几天我父亲刚刚去世，我参加了他的葬礼。虽然我的老家在鹿儿岛这个乡下地方，但那里的殡葬公司的营业部长实在令我赞不绝口。这个人十分能干，从报价到在现场搭帐篷，从仪式的准备到主持人，一切都由他一手操持。最后令我更惊讶的是，竟然连驾车去墓地的司机也是他！

车停在我家门前，他不停叮嘱我们："上车的时候一个人持牌位，一个人拿照片，一个人捧骨灰坛。"才刚刚主持完毕，他马上又担任凯迪拉克轿车的司机，可以说是身兼两职、三职。我想："如果公司有这么能干的人就好了。"

可是，像这样在现场能独当一面、操办整个葬礼的人一旦成为董事，从事以数字为基础的经营，还要熏陶和指导部下，实现领导者的职责，或许就会出现问题。既然如此，还是像刚才我讲的那个故事一样，让乞丐保持原样，留在他最能发挥能力的地方。这个人在当乞丐的时候能够出色地预测天气，可是一进王城，这种能力就完全丧失。而且他除了预测天气没有其他才干，因此一旦预测天气不准确，就成为无用之人。

所以，应该好好跟这个人谈一谈。或许公司里会有些人说闲话，但是，对他说"对不起，请你不要当董事，再次负责现场的工作吧"，如果他本人回答"社长，没关系，我可以不当董事，重新去现场努力"，我想，在公司会产生非常好的影响。只要本人接受，虽然旁人会觉得社长很无情，但是让大家习惯"公司可能有降职"这件事存在，从这个意义上而言，也应该这么做。可是，如果实在很难做到这个程度，那么就像刚才所说的，让他去别的部门也是一个方法。您的集团如今正在多元化发展，也就是说，您不仅仅在经营婚葬公司，还在经营其他事业。所以，可以从当中为他找到现场的或适合他的工作，这不失为一个办法。

应该问的是领导者自身在经营上付出的努力

接着,关于您的第二个问题:"11年前挖来的专务干得十分出色,所以,我想把公司的代表权交给他,您觉得怎么样?"我不知道那位专务是怎样的人,所以无法清楚地答复您。不过,假如您把公司的代表权交给不论名义还是实际上都是二把手的人,是想把这个人立起来,我觉得并没有什么不好。

不过,有一件事我比较在意。那就是您的婚葬公司如今的业绩。根据您的资料来看,过去,这家公司的经常利润曾经有3%~4%,但现在利润率却降了很多。您本人创立了这家出色的婚葬公司,然后从事多元化,有了许多公司。刚才您也提到过,集团整体销售额为44亿日元,与您继承父亲时只有5亿日元相比,已经有了十分出色的发展。

现在,由于专务能够很好地维持您的公司,所以您想将企业代表权交给他,但是,必须先解决这家公司在收益性上的问题。

十分不好意思。现在您被安排了不少与这个公司无关的工作。在这个过程中,专务非常精明能干,当您不在的时候,他帮您守住公司,也经常向您汇报,让您非常放心。反过来说,您自己不需要太辛苦,感觉很轻松,所以有一种感觉:把公司全部委托给他也能维持住。我感觉您似乎并不是因为他有非常出色的领导力，把公司委托给他能使公司的销售额比您经营发展得更好，收益率变得更高，只是因为他做得还不错，所以希望不用太辛苦也能解决问题。

但是，现在您公司的形势由不得您这么做。我觉得，按照您现在的经营状况，可以说刚够维持经营，也就是濒临边界的经营。

然而，您却想把公司交给别人，不好意思，我觉得这是因为销售额的增长、公司的发展让您有一点傲慢。其实，与从事其他工作相比，您应该把本行干得更好更精彩。看到您现在的数字，我有这个感觉。

或许，您把公司委托给专务也没关系。但更重要的是，您本人应该更加深入本行。你们行业的经常利润率最少也要达到10%。只要利润率达到这个数值，企业主体就会变得非常坚固强壮，变成高收益体质。正因为如此，才能运用这种实力发展多元化。当收益在边缘徘徊的时候四处扩张，我觉得非常危险。

把二把手人格放在第一位

还有一点，回到刚才的话题，从专务的年龄上看，您把公司代表权给他，并不是想让他不论在名义还是实际上成为公司的接班人，对吧？

第二电电在全日本成立了9个叫PHS的便携电话公司。我给各位社长提出了9条身为社长应该懂得的事项。这9条事项是针对第二电电提出的，诸位不必照搬，不过我稍微读一下。

第一，深入理解第二电电的创业精神。我在成立第二电电的时候，曾经一直自问自答："是否动机至善，私心了无？"还有，平时也努力做到光明正大、勇敢和敬天爱人。这些心态和思想形成了第二电电的创业精神，取得了现在的成功。各位要仔细体会。

第二，作为一家民营企业，彻底贯彻高效经营。为了使经营更有效率，必须杜绝不切实际与浪费。

第三，在业务经营中，以令国民及用户满意的实惠价格提供服务，同时追求成为高收益企业。

第四，追求全体员工物质和精神双方面幸福的同时，为人类社会的进步发展做贡献，同时还必须充分回报股东。

第五，打破大企业常出现的僵硬的官僚组织，废除权威主义，使组织活泼明朗。

第六，在人事工作上坚持光明正大、公平的宗旨，决不能夹杂私心。

第七，避免独断专行，与众人讨论后才下结论。

第八，不把惯例、习惯、常识当作判断基准，而把"作为人何谓正确"作为判断基准。

第九,重要事项要逐一向会长报告或商量。

我告诉他们,社长都应当懂得这9条。

因此,您提出让专务拥有公司代表权,最关键的是他的"品格如何"。虽然这位专务或许的确很有能力,赢得您的青睐,但是,他的为人、人格、秉性如何,这才是最关键的。

就像这9条当中所写的一样,工作能力强也很重要,但首先,一个人的人品非常重要。这里也提到要公平公正,为人正义,诚实勇敢,不可有私心。还有在决策的时候,尊重大家,认真聆听大家的意见,然后才做出判断。判断一个人的着眼点要放在他是否有这样的人品上。

所以问题在于您是否全心信赖这个人,他是否也全心信赖您。与其考虑是否给他公司代表权,还不如借此机会,以授权为目的,和对方交流一下这个话题。

自己不信赖对方,对方也不会信赖你。通过深入交谈,搞清楚双方的人格,及相互之间是否建立了真正的信任,这才是关键。

还有,您为了构筑自己的哲学而学习,同样,您必须让专务也去学习,以提升他的人生哲学和人格。我觉得,当发现一个人和自己拥有相同哲学时,就会把工作交给他。我的话就到这里。

塾生:谢谢您。或许我是在找借口,这三年投资了40亿日元，所以折旧变大。3年后我估计一定可以做到塾长所说的5%的利润。

我还想问一个问题。让经营干部辞职的时候，是由公司提出，还是让本人提交辞呈比较好？请问应该如何考虑？

有器量的人努力并可提升

塾长：这不是公司提出还是本人提出的问题。实际上是您是否跟对方促膝深谈，使对方觉得"社长，不要紧"的问题。

这是常有的事，我也有过类似的经历。在京瓷成立并发展的过程当中，人才严重缺乏，我也考虑过从外面挖一些人来做管理干部。在请人之前，我总是提前对创业期开始就与我一起奋斗的人们说这番话。

"为了发展京瓷这家公司，我想从外部引进优秀人才，你们觉得怎么样？诸位和我一起创立京瓷，可这些优秀人才进来后，可能会位居诸位之上，你们怎么想？如果你们认为'不行啊社长，我们和你一起创立了公司，让外面的人在我们头上作威作福，我们怎么受得了？'那我就中止引进这些人才。

"但是，企业的大小受限于治理它的人的器量。如果一味强调'我啊，我啊'，而不肯吸收优秀的人才，或许京瓷将止步于一定程度，就此结束。如果诸位乐意这样的话，那就这么做。

"不，这样可不行。我想让京瓷这家公司更加出色，成为日本屈指可数的公司。不，成为世界屈指可数的公司。所以，我希望引进这些优秀的人才。'哪怕他位居自己之上也没有关系，公司的发展需要这些优秀的人。所以，让我们高高兴兴地迎接他们吧'——如果诸位愿意这样说，我就把他们找来。

"但是，假如你们不愿意，我不会这么做。代价就是公司的规模不会再变大。一边强调'我啊我啊'，一副山大王的模样，一边希望公司有所成就，这是不可能的。你们选哪个？"

我常如此对他们说。

和我一起创立公司的干部都纷纷说："我们选后者。优秀人才来了以后，放在我们上面也没有关系。"

他们有如此宽宏的器量，自己也要努力。现在，担任社长的伊藤先生是冈山人，从职业高中毕业，是我在创立京瓷前的公司中的研究助手。我和他一起创立公司，一直走到今天。在大学毕业的干部众多的京瓷，伊藤先生当上了社长，这并不仅仅因为他是我的创业伙伴。而是因为在包括中途招聘的优秀人才当中，他的为人也令人赞叹，所以他才能当上社长。有说"没关系"这种话的、有器量的人通常都很努力，因此会不断提升。

刚才，您说"做了大笔投资，折旧很大，所以最近利润率有些低"，这是不行的。既然如此，为什么要做与自己实力不相符的投资，把经营逼到边缘？本来，即使做了折旧那么大的投资，也必须产出充足的利润。像您这样找借口，您的专务和部下也会同样找借口，这样一来，您也不可能追究亏损的责任。我就说到这里。

塾生：对不起。谢谢。

塾长：哈哈哈哈，要求严格才能学到东西，我不客气了。

经营问答七

经营者应该发挥怎样的作用

⊙ 问题

应该怎么摆脱经营者与员工之间的所谓的互相理解，形成互相切磋帮助的关系。

□ 塾生问

在中小企业经营者当中，有许多人平时会意识到自己的弱点，因此也比较容易接受别人的弱点。同时，常言道"难容他人弱点之人非有德之人"，这句话背后还隐含"我的弱点也应该被接受"的意思，似乎只有这样做才符合人性。

当然，员工也有这种倾向。在中小企业中，在经营者和员工已经形成这种所谓"相互理解"的风气之下，企业经营者自身缺乏一丝不苟、切磋琢磨的精神，经营团队也缺少实践这一精神、提升自我、把公司做大做强的意识。

我个人在盛和塾深受启发，认为企业应该提倡切磋琢磨，并把这个观点告诉公司的其他经营者,但是,却遭到不愿意变化的经营者的反对。同时,如果向经营干部或员工提出这些要求,一定会被指责过于苛刻,很可能会受到他们的非议。

但是,我不觉得这些非议跟企业经营和组织运营有任何关系。因为,貌似理解每一个人的情感和弱点,是器量的问题。我觉得,在运营企业及组织时进行判断决策,与包容弱点完全是不同层次的问题。就这一点我想请教塾长,请塾长多多关照。

◆ **塾长答**

一切取决于您打算把企业塑造成什么模样,也就是企业追求的目标。

对经营者而言,这是一个层次很高的问题

在来这里的路上,我读了您的问题。困扰您的是一个层次很高的问题。只知拼命埋头经营的经营者大概不会有这种烦恼。能为这种事情烦恼,证明您本身已经达到了一定境界。

因为对自己的弱点有自我意识,所以会理解、包容别人的弱点。就是说,大家互相舔着伤口,互相接受对方的缺点及不足,这种情况在组织中并不鲜见。

于是,在这样的氛围之下,如果不接受他人的弱点,穷追

猛打，就会被指责"没有器量"。同时，还会被非议，"难容别人弱点的人，算不上是有德之人"，"我们社长成天对员工斤斤计较，缺少做人的道德"。

您在盛和塾学会了切磋琢磨的思想，觉得人应该精益求精，你追我赶，提高自己的精神境界。可是，当您想在公司内实施这一理念的时候，员工和干部却说"太苛刻，太过分"。尽管您把在盛和塾学到的东西讲给他们听，他们也不肯跟着您走，您感到非常烦恼。

换言之，每个人都应该互相促进，提高思想；都应该承担责任，认真扎实地把工作做好，不允许妥协。尽管您一再在公司内部强调这样做的重要性，但却遭到反驳："这样做太苛刻"，"这样做太缺乏德行"，"应该再大度一点"。下属叫苦连天，您感到很苦恼。

这是很有高度的问题，我尽量解说得易于理解一些。

贪图安逸快乐、游戏人生的第二代社长

我创立京瓷公司，到今年已有 34 年。在这期间，我既没有加入青年会议所，也没有加入过狮子会、扶轮社，而是专心致志、聚焦在事业这一个点上，一直拼命努力。公司上市时，在京都经济界人士的邀请下，我才开始出入京都经济同友会。当时，我觉得必须要有一些人际交往，才开始参加这些活动。

但是，正在那时，发生了下面的故事。

京都有一家做时尚相关事业的 A 公司。那家公司的第二代和我年纪相仿，比我小两三岁。他从国立大学毕业后，到银行工作，半路辞职，继承了企业。他头脑灵活，性格开朗，是一个优秀的经营者。但是，他身上也存在第二代经营者常有的毛病，是个游戏人生、贪图享乐的人。

正因为他是这种性格，当我们偶然在一起喝一杯的时候，我对他说："A 君，你玩够了吧，还是在工作上认真一点比较好。"可是，他说："跟稻盛先生交往真累，您总是跟苦行僧一样，对我挑这挑那，真的好无趣。"他的确是这么想的，所以开始渐渐疏远我。

就这样，有一天，他对我这样说："稻盛先生，您这样的活法太累了。我的活法才是对的。"

"您也知道，我是个不靠谱的社长。之前，不过逗了酒馆里的女人几句，她就找到公司来，杀我一个措手不及，让我在公司里也大大地丢了一回脸。这种事在过去已经发生过好几次了。可是，尽管如此，我这个社长还是做得稳稳当当的，公司的发展也一帆风顺。

"人这种东西，如果像您所说的那样，可丁可卯地活着，那实在太辛苦了。事实上，像您这样正儿八经、憋足了劲活着，肯定很累吧。人本来就不必那么认真。既会失败，也会有各种各样的不足，这是理所当然的。

"我从来都是赤裸裸地表现自己的弱点和不足。所以，我们公司的干部也好，秘书也好，都说：'我们社长是个活生生的人。他也会犯那样的错误。'因为我从不掩饰失败，所以大家觉得我这个社长是个有血有肉的人，反过来对我大加庇护。

"这是个有某种弱点的、可怜的人，是一个会失败也贪图享乐的人。既然是男人，会挑逗女人很正常。就这样，大家都接受我，保护我。他们同情我，替我掩饰缺点，还拼命替我在公司里保密，保证这些秘密仅限于秘书科和总务的人知道。"

当时，我和您正好年龄差不多，和您一样，当自己的器量和德行遭到质疑时，我心下也觉得犹疑起来。

"稻盛先生，您不够大度、德行不足，所以才会活得正儿八经、可丁可卯。正因为我自己是这种不靠谱的性格，所以能认可员工的弱点，接受员工的失败。所以，虽然我是第二代，但部下也都心甘情愿地追随我。公司很团结。我觉得这样才对。"

被他这么一说，我也觉得很有道理。

那之后，又过了大约5年。有一次，有机会和华歌尔的冢本幸一会长及京都经济界的人们一起喝酒。当时，我谈了一点自己对经营问题的见解，这时，A君抓住话头，"不，稻盛先生，我不这么认为"，又开始大加评论，说自己是这样认为那样认为的。这时，华歌尔的冢本会长听不下去了，喝住他："A君！"

冢本先生和A君同是从事时尚行业的，或许因为这个关系，从A君的父亲那一代起，他就跟A君家走得很近。相反，当时，我是一个刚在京都经济界露面的新人，和冢本先生还不像现在这么亲近。相比之下，冢本先生和A君更亲近一些。

"A君！你胡说什么？！对稻盛先生刚刚讲的那些话，你有资格说三道四吗？！你和稻盛之间不是有什么过节吧，怎么尽说那些无聊话。你应该好好听听稻盛的话！"冢本先生严厉地呵斥道。

以心目中的理想企业为目标

我再次确认一下您的问题。您说，人对自己的弱点也有认识的话，就应该接受包容别人的弱点。如果容不下别人的弱点，就不是有德之人。而且，假如不接受这个观点，就会被说成没有器量。而且，您对包括经营人员在内的员工提出切磋琢磨，提高自己，也促进别人提高，但是，员工却无论如何也不接受。还反过来非议您，说您太过分。而您觉得这个问题不是企业和组织运营层面上的问题，而是器量的问题，您认为有必要理解、包容别人的弱点。

但是，不是这样的。这个问题和企业及组织运营是同一回事。而且，虽然您说这是器量的问题，但它跟器量毫无关系，它不折不扣、正是企业经营的问题。

这是为什么呢？您也不接受他人的弱点，做老好人；即便自己也有弱点，也会犯错误，但正因为自己也有不着调的地方，所以，您才打算改正缺点，提升自我，您也是这么做的。同时，您还要求员工切磋琢磨，改正弱点和不足，精益求精。可是，一旦这么做，双方都会很累，于是就有人说："别说这种话……您不也有缺点吗？您不也有薄弱的地方吗？所以，您也应该包容我们的缺点和弱点……"如果不这么做，就会被说成人品不好，没有器量。

之所以会这样，是因为你们讨论的落脚点不对。首先，您应该设定目标，决定我们公司要变成这样，描绘出心目中理想的企业。您必须告诉大家，"为了变成这样的企业，必须选择我刚才所说的活法"。首先，必须要设定企业目标。您现在困惑的问题，主要是为了达成这一目标的步骤问题。

单这么讲大概不好理解，我继续讲刚才A公司的事。

那家公司的销售额大概在300亿~400亿日元，经常利润为四五亿日元，所以，我对A君这么说过。

"你再努力一点吧。300亿日元的销售额，就算只有一成利润，也有30亿日元。现在才四五亿日元的利润，不太像话。"

"不，之前我们有过8亿日元利润，数字很漂亮。"

"8亿日元？你在说什么啊，那还远远不够。"

"话虽这么说，但我们时装行业就是赚得不多的。不像稻盛先生那里那么好赚。"

在他从父亲手中继承企业的时候，企业已经到了200亿日元的规模。而他从国立大学毕业，长年在银行工作，还继承了京都的知名企业，却好不容易才达到销售额三四百亿日元，最高利润才8亿日元。A君根本没有高远的目标。

而且，有一次，我和他，还有B公司的B君、C公司的C君4人一起去打高尔夫球。除我之外，其他人都是京都企业的第几代社长。B君的企业由父亲到京都打拼创立的，C君的企业创立于江户时代，是百年老店。A君就不用说了。

在他们眼中，我不过是个从鹿儿岛跑到京都来的"京漂族"。他们心中也许在想，"什么啊，我们怎么会输给你这个从鹿儿岛乡下来京都的京漂族。我们可是土生土长的京都人。"

他们怀着这种心思，和我四个人一起打高尔夫球，但我却把他们当朋友，对他们说："你应该再努力一些。这么讲虽然有点失敬，但如果我工作的努力程度是100分的话，A君你连10分都不到。你要更努力一些。"说完，我没把这件事放在心上，若无其事地回去了。可是，据说后来他们很生气，三个人一起去喝酒说道："真是个没礼貌的家伙！一天只有24小时，他竟然说我们工作的时间连他的十分之一都不到。那家伙难道不睡觉吗？我们不作声他就得意忘形起来，说得太过分了！"

这几个人中，A君去世了，只有B君在半中间幡然醒悟，意识到自己的活法有问题，还是应该学习，于是开始来找我，请教我各种事情。现在，B公司销售额已经做到1 000亿日元，虽然没有上市，却变成了一个利润丰厚的优秀公司。

话有些扯远了。当时，他们也生气地反驳，"人生不是只有你说的这种活法。经营也有各种各样不同的方法。"但是，我却说："不是这样的。"

"如果想把企业经营成A公司那样，过得轻松一点也可以。大家互相包容、互相安慰、互相庇护。第二代经营者是个拥有高学历的人才，许多经营骨干又是从过去留下来的优秀人员，也有很多头脑灵活的员工。如果凭借这样的企业实力，却只要求经营到这种水平，马虎一些也无所谓。但是，我却选择了严格的活法，正因为选择了这种活法，这家公司才能从一个没有优秀人才愿意加入的破落公司，一个资金不过300万日元、靠租借宫木电机制作所的仓库成立起来的公司，变成今天的大企业。如果想把企业做到这个水平，就需要我所说的活法。"

这是我过去说的话，而今天，京瓷创业34年，在这期间，京瓷成为销售额约5 000亿日元、海内外共有30 000名员工的大企业。

攀登哪座山决定了人的活法

A君说"讨厌那种活法"，他的企业有那种水平就够了。换句话说，首先，重要的是经营者希望把公司经营"成为怎样的企业"。

因此，当想要求包括自己在内的全体员工提高心性、切磋琢磨，实现出色的经营时，您必须告诉员工："我希望公司成为这样的企业。所以，我们要这么做。"比如，假如您希望把公司变为京瓷这样的企业，就要模仿稻盛先生，学习他的做法。

但是，并不是活法一样，公司就一定能变成这个样子，并没有一个这样的固定模式。比如，本田宗一郎社长和藤泽武夫副社长，他们两位的思维方式决定了本田技研的存在。所以，松下幸之助先生的思维方式塑造了松下；井深大和盛田昭夫的思维方式塑造了索尼。因此，没有什么"井深先生的思维方式不对，我的才对"的说法，两种思维方式无法比较。这不在讨论范围之内。

因此，当您说"我想这么做"的时候，谁也没有资格说："不行，那样做太苛刻了，太没有器量了。"应该选择怎样的活法，取决于对前进道路的选择。

京都有一家D先生的企业。这位D先生也是风险型公司。虽然他是我们的前辈，却在报纸杂志上这么说道。

"京瓷社长的思维方式有点过于苦行僧式了，他对自己很苛刻的同时对员工也非常苛刻，那种活法很有问题。

"我们公司从成立开始，就把追求轻松快乐当作社训。企业这种东西必须让人轻松快乐。让员工觉得，自己的公司很轻松，很快乐，很乐意去公司上班，否则，没有人能在一家公司工作一辈子。这个社训为我们公司聚集了全日本杰出的优秀技术团队，他们制造的优秀产品销往全世界，创造了令人瞩目的业绩。"

然而，D公司创业以来，过了将近50年，销售300亿日元，利润不过十来亿日元水平。D先生把自己的经营和我经营京瓷相比较，认为我有问题，这本身就是错误的。他应该这么说："我们在这个行业努力了50年，创造出300亿日元的销售额，十几亿日元的利润。要把企业经营到这种程度，就算社训是轻松享乐也做得到。"

"选择那种活法自己也辛苦，员工也很累，我不喜欢。但是，稻盛先生凭着那种活法，在短短的34年中成就了那样了不起的企业"，如果他这么说，别人还好理解。如果不这么说，只是说什么"太苦行僧了"，把完全不可比的东西相提并论，这才有问题。

就是说，相互理解包容、相互安慰本身并没有对错之分。首先必须讨论想走哪条路，想去到哪个目的地。然后，为了到达那个目的地，才不得不选择这样的活法、按照这样的步骤前进。

登山也一样，爬爬身边的小山丘，和攀登富士山——不！是喜马拉雅山，所需要的登山技术有巨大差别。就算能轻松愉快地徒步爬上小山，并不等于拥有攀岩技巧，能够登上高峰。

首先，在一开始就应该讨论要爬上哪座山。

总之，不经过对目的的探讨，而只是比较活法，结果就会有人说对，有人说错。经济评论家和企业经营评论家往往都这样，有些东西本来不应该放在一起比较，他们却对其大加对比、议论。

您身为经营者，想攀登哪座山呢？我认为，您必须清清楚楚地把目标定下来。

经营问答八

董事挑选的基准是什么

⊙ 问题

如何培养作为自己左膀右臂的董事，
还有挑选董事的基准是什么。

□ 塾生问

今天提的问题是，关于董事的培养方法和选用基准。

1982年，我从以前工作过的电器店辞职独立，开了一家录像带租赁店，开始了我的事业。我所选择的行业正逢其时，在第二年即1983年又开了第二家店。当时我对经营的常识ABC都一窍不通，但却在两年后又成功地开设了第三家店。

但从那时起，我就尝到了经营中的苦头。在店铺扩张的过程中，招不到可靠的运营店铺的人才，人员发生了问题。只是几家小店，而我自己又缺乏作为社长应有的那种志向，或者说，缺乏作为经营者的自觉性。当然招聘不到优秀的人才。受我委托管店的店长,有的在店内公然打气枪玩乐;甚至有不讲规矩的员工在店后的小屋里烧烤秋刀鱼。

是得天时的原因吧,从四年前开张的游戏厅生意很好,去年(1998年)9月期,年销售额达107 800万日元,很幸运,利润有13 600万日元,利润率达12.6%。在销售额中70%是游戏收入,30%是录像带租赁。去年12月又开了第五家店,开店大吉,形势喜人。按这个趋势推算,这一年的销售额可达14亿日元。

现在我面临的最大课题是:为了建设强有力的组织,如何培养出强有力的董事?为了实现我的经营计划,我认为,首先必须要解决这个问题。

现在的董事,是当社长的我和当专务的我的妻子。妻子名义上是专务,实际上是专职主妇,与经营没有任何关系。所以实际上的董事只有我一个人。

员工人数现在约30名。虽然我认为大学毕业生未必个个优秀,但员工中有一半具有大学学历。

我们在企业经营中,也贯彻塾长倡导的经营理念:"追求全体员工物质和精神两方面的幸福。"所以员工的精神状态很好,平时都抱着积极向上的工作态度。

本公司已迎来创业的第17个年头,我想解除家族中的董事,努力在这两年内任命新的董事。为此,我想说明一下现在公司的干部状况。

首先是 A 部长，男士，今年 42 岁，独身未婚。此人是我从某大型运输公司物色来的。他负责财务，还负责游戏机的选择和采购。性格非常温厚，做事认真，热爱公司，工作很努力，但是另一方面，过于温和，太好说话，对部下不能严格要求，还缺乏领导能力。

　　其次是 B 店长，37 岁，已婚还没孩子。两年前在某饮食连锁店当店长，被我看中，请来当店长。他从小学老师跳槽到餐饮店，适应性强。性格方面很善于跟人交往，有自己中意的部下，会热情关照；但对比自己资格老的员工，或者难对付的员工和部下，则抱讨厌的心情，而且让人能感觉出来。此人对我工作上的帮助也很大。

　　再次是 C 店长，37 岁，已婚有两个小孩。在 12 年前从一般招聘中进公司，是本公司最老的员工，是录像带部门的总负责人。招聘当初，因缺乏人才而录用了他。他是一个非常认真的人，但是严格一点说，在能力方面没有什么特长。性格属于家庭好爸爸类型，交代他的工作都能认真去做，但是，完成的程度总是不高。同时感觉不到他对部下的领导能力。

　　最后是 D 先生，34 岁，独身，进公司 8 年，最佳店长。现在我对他寄予厚望，为了锻炼他，给予各种学习机会。性格上感觉他有统率力，另外，分析能力也强。但是，在人事问题上抱有陈旧观念，丢不了排资论辈的旧思想。

　　以上所说就是我们现在主要干部的情况。在现有干部中我应该以什么做基准来选择董事，另外，应该如何培养称职的董事，我感到困惑。我也考虑过从公司外部聘请董事，但考虑到调动现有员工的积极性，我觉得还是应该在现有员工中培养有专业能力的董事。但是如果从外部聘任已经具备董事器度的人才，不是可以构建更高水平的组织吗？所以我有时又感到矛盾烦恼。

我自己究竟怎么考虑呢，从我内心来说我希望培养 D 先生，聘任他为董事。

我对于董事的理想的要求描述如下：

第一，具备领导能力，能够带动部下。

第二，管理有技巧、手腕高。

第三，专业技术水平高。

第四，有燃烧般的热情和上进心，有决断能力。

第五，爱学习。

第六，有洞察力。

其中，最重要的是领导能力。本人热爱公司，又能把热爱公司的精神植入部下的心里。能做到这一点，就说明他获得了部下的信赖。然后是能够激发员工的工作积极性。怎样才能做到这一点呢？首先，自己率先垂范；其次，对部下该表扬的要表扬，该批评就要批评。还有，需要较强的沟通能力。以上就是我心目中董事的理想形象。

我认识到这个要求很高，恐怕兼备以上各种长处的人并不存在吧。那么，怎样来培养经营者或者董事呢？另外，根据什么基准来选拔任用董事？这两点敬请塾长指点。

◆ 塾长答

只要谨慎踏实，持续努力，就能孕育出巨大的力量。

选拔董事，第一基准就是人品

看到你的提问表，我觉得你确实是一个非常聪明的人。大家手头可能也拿到了相关的资料。但与你们不同，我这里的资料比你们详细得多。有关公司的理念、员工教育、组织图等我拿到了各种资料。

你真的很了不起，优秀的程度让我吃惊。但因为公司中除你夫人之外，别无董事，所有资料都是社长你一个人做的，就你一个人特别优秀，所以感觉你的公司有点头重脚轻。

你提到专业董事的培养方法，你正在考虑将什么样的人提拔为董事。关于这个问题，你介绍了自己部下的情况，又描述了你心目中理想的董事的形象：首先必须具备领导能力；有领导能力，又要热爱公司，又能把爱护公司的精神植入部下的心里；能够激发员工的工作积极性，同时在工作中又能率先垂范；对部下该表扬的要表扬，该批评就要批评，还需要较强的沟通能力；还要有管理技巧，就是具备作为经营者的管理能力；而且还必须有很高的专业技术水平,在自己承担的工作领域内具备高度的专业知识;针对结果的分析能力也必须是高水平的;又要有决断力,能给部下发出正确合理的指示命令;具备燃烧般的热情和上进心;必须喜欢学习;具备洞察力。你认为董事就应具备这些素质,想按照这些基准挑选董事,在罗列的几位候选人中该提拔谁,想征求我的意见。

你在问题的最后又这么说:"以上就是我心目中董事的理想的形象。我知道这个理想要求很高,恐怕兼备以上各种长处的人并不存在吧。"既然不存在,那也没办法。这好比一个漂亮的女性挑选男对象,因为过分理想化,要求太高,过分挑剔,最后自己嫁不出去。你理想中对董事的要求非常高,不光是刚才讲的那些,书面资料里说得更加详细。因为自己做过各种各样的事,见多识广,又非常好学。公司应该是怎样的,组织应该是怎样的,董事应该是怎样的,你写了许许多多。

不是在这里特别表扬你。现在正好是一部分上市公司社长交接班时期,那些被选上的社长中,像你这样认真思考干部条件的人,恐怕一个也没有吧。这不是开玩笑,这是真的。有的靠排资论辈成了董事,轮到下一次,听人说:"喂!你当社长了!""是吗?是我吗?"一大半公司都是这样的。

但是,你的情况是,你是自己一个人在做。读了各种各样的书,在盛和塾里也拼命学习,极度认真地思考,描述出自己的理想形象。资料中还写了"所期待的员工形象""所期待的上司形象"。读了你所列出的条件,恐怕没有一个人能够合格。因为你列的条件太高太理想化了。把这些做成手册发给员工,说得极端一点,人家读了可能会有一种窒息感。手册做得那么面面俱到,连大企业也相形见绌,你真是一个太勤奋的人了。

现在再谈一谈董事人选的事,你谈的董事条件都是对的,没有必要去改变,虽然都对,但你自己下了结论,"兼备以上各种长处的人并不存在",就是说,理想应该是这样,但实际中没有这样的人。

没有的话该怎么办呢?仍然只能让你夫人当董事,但光是你夫人不行,不管怎样还要从员工中选拔董事。那么从员工中选用董事,应该看重什么呢?你提出了一系列的条件,但是比起这些条件来,我认为最重要的还是"人品"。现在你对几位部下都做了分析评价,你的头脑比我聪明得多。我想以我的经验、举我自己的例子做说明,希望你从中按自己的情况吸收你需要的东西。

像你一样,在经营企业的过程中,我一心想扩大公司,我感觉到急需优秀的人才,于是公开招聘,但当时公司规模很小,很难招到理想的人才。我自己看中的人,说服他们进公司,这种情况也很多。

招聘员工,一起共事,最初让我烦恼的是,为什么优秀的人才不肯到我们公司来呢?当销售额还是三四亿日元的时候,即使热心招聘,优秀人才还是不愿意来,名牌学校的毕业生都不肯光临。正如你列举的条件中,做事认真、热爱公司的人有,但谈到要指导部下,在能力方面却略逊一筹;某件事委托他去干,他会非常认真,但结果往往难如人意。这是一类人。另外,也有头脑非常聪明、反应非常敏捷的人进公司。于是我就想:"我们公司难得优秀人才,这次终于来了个十分优秀的人,聪明伶俐。一定要把这样的人培养成公司的干部。"但这样的人在努力干了四五年之后,因为头脑聪明,能看到未来,也看到了我这位社长身上的缺点,所以跟了我一段时间后,就发起牢骚,鸣起不平,接着就辞职离去了。

想作为接班人加以培养的人,我欣赏的聪明能干的人,他们辞我而去。相反,虽然老实却有点迟钝的人,没有能力指导部下的人,这种人一直默默地埋头苦干。"这两种人如果能换一换该多好啊!那些头脑迟钝的人提出辞职,而那些聪明伶俐的人要求留下来,那有多好啊!"我就是这么想的。我虽然这么想,但这个世界却有一种平衡,那些聪明人会觉得我们公司不好,往往辞职了事。

我经常给大家讲,企业的规模超不过企业领导人的器量,我自己作为领导人并不很强,我的器量也不大,所以优秀的人才不愿来。我自己也常抱怨:"如果像一流企业一样,有一流大学出身的一流人才进来的话,公司一定会办得更好。但像我们这样的中小企业、零细企业,想要人才也招不到,剩下来的尽是些笨头笨脑的人。"但是,实际上,就因为本人,作为领导人我自己不够聪明，就这么大的器量，所以只能留下同我的器量相匹配的人。自己不自量力，却想指望更优秀的人到来，但俗话说"破锅配破盖"，什么锅配什么盖，一只破锅子配不上一只漂亮的盖。虽是这个道理，但我们却总是不甘心这么去想。

尽管我心有不满，但因为只能留住这样的人，没有办法，我只能依靠他们，他们也只能依靠我，于是彼此手臂挽着手臂，这40年来，共同奋斗一直到今天。

精神饱满、热爱公司、关心同事，但另一方面有点迟钝、缺乏领导能力的人，这样的人经过20年、30年的奋斗和磨炼，开始放射出灿烂的光辉。当然他们的性格没有变化，虽然没有变化，但是他们却成了各个部门的骨干，以他们为核心，京瓷公司坚如磐石。

人是城堡、人是石墙

有句话叫"人是城堡、人是石墙"。互相信赖的人集合在一起，就相当于坚固的城堡和石墙。组成石墙的有大石块也有小石块。光有漂亮的大石块叠在一起的石墙，经不起风吹雨打，只有把小石块填满大石块之间的孔隙，才能砌成坚固的城墙。公司也一样，各个关键岗位上需要的不是那些耍小聪明的人，把具备高尚人格而且纹丝不动的人配置在要害的岗位上，公司才会顺利发展。缺乏这样的人，而多了形势好时唱高调、形势不好发牢骚的人，多了聪明过头、稍微吃点苦头就嚷嚷辞职的人，那么石墙就会变得千疮百孔，好不容易建筑起来的城堡就会崩毁于一旦。稍稍迟钝、不那么聪明的人们团结一致，10年、20年、30年、40年如一日，坚守岗位，保护企业，公司就能屹立不动。

还有，那些被认为不很聪明的人，后来当上了事业本部长、专务、副社长、社长。年轻时看来并不出色的人当上社长以后，同那些一流大学出身的一流公司的社长相比，不仅毫不逊色，而且干起事业来更加得心应手。

我创业40年来，对此有痛切的感觉。对于那些乍看有点愚钝的人，没有轻视，没有怠慢，没有粗暴处置，这才造就了今天的京瓷。

"持续"让愚钝变非凡

从这一观点来看，初看似乎愚钝的人，只要持续不断努力做同一件事，就能变成一个非凡的人。"持续就是力量"，持续不断地钻研同一件事，"持续就会把愚钝变成非凡"。社会称颂的名人达人，比如剑术达人、制作器物的名人、具备匠技的人、工艺大师、娴熟操作机器的人等，这些所谓名人达人都是在30年、40年乃至50年这么长的时期内，埋头于一行一业、锲而不舍的人。不做这样的努力，就成不了名人达人。

有点小聪明、头脑灵活、反应敏捷的人，要他们在三四十年的长时间内做一件踏实枯燥的工作，他们往往坚持不了。例如，制造日本刀的刀匠名人，不管严冬还是盛夏，在风箱前面，一边听师匠传授，一边抡锤锻打，40年如一日，这么枯燥的工作，头脑机敏的人干不来。只有"愚钝"的人才能坚持，这种"愚钝"的人经过三四十年辛苦努力，就成了名人达人。我想企业培养人才的要诀也在这里。

今天你提到的几个人中究竟该选谁？"哪位好？"我不会发表意见，但员工总共约30名，从你列举的人中，可能的话，挑选三人当董事，在听你讲述过程中我产生了这个想法。不要把"所谓董事"想得太复杂。让他们当董事，就能唤起他们的自觉性。提拔他们当董事，对他们说："当董事要负责任呵！请同我一起努力加油吧！"你提到的几个人中，有不够机敏的人，但他们非常老实，有忠诚心。自创业以来长期与你同甘共苦，作为对他们努力的一种回报，让他们当董事。如果从列举的人中选出三位当董事，其中认为自己难以胜任的"愚钝"的人就会格外感动，他会说："为了社长我赴汤蹈火在所不辞。"而这样的人就是企业的宝贝。只有重用这样的人，才能守住企业的江山。希望你以这样的心情去对待你的部下。

经营问答九

社长应该注意的事情是什么

⊙ 问题

一位新上任的社长正在摸索如何做好社长的工作,他提问作为一名社长,今后应该注意什么。

□ 塾生问

我是在今年4月1日当上社长的。我深刻地感受到社长责任重大,但对社长的许多工作看起来明白,实际上却缺乏了解。

其实,在8年前,父亲就已提出让我做社长。由于出了各种状况,直到今天才实现。不过,当时,我已经做好心理准备,随时接受父亲的吩咐,走马上任,所以一直在思考社长的职责是什么。

4月1日,我把全体员工集合起来,从社长的立场重申了企业的社会责任、企业目的及方向方针,还有我今后的想法和做法。企业理念、企业哲学、情怀，尽管有各种各样的说法，但我觉得，作为企业的领导者，最重要的还是对全体员工命运和人生的责任感，然后是发展企业，为地方社会做贡献的义务及责任。

现在，我正在摸索，社长应该做这个好还是做那个好。在这里请塾长指教，要做好社长的工作，今后应该注意些什么？

◆ 塾长答

社长应具备的5种能力。

心中拥有判断、决策的基准

您的问题是"希望塾长评价一下，社长的重要职责是什么"。社长需要注意的事情有很多，今天没有那么多时间，所以我只想谈谈几个要点。

所谓社长，就是对企业做出最终判断、最终决策，也就是有地位对事物做出最后决定的人。所以，身为社长，最重要的是首先"心中拥有判断决策的基准"。对常务、专务、副社长而言，只要把事情拿到社长面前商量："这里有件事，您看怎么办""我想这么做，您觉得可以吗"，然后就可以了。但是，社长是最终决策人，所以背后再没有可依靠的对象。正因为如此，社长虽然嘴上说"可以，请这样做"，实际心里却非常不安,这个判断是否真的正确?这个决定是否真的行得通?由于社长无人可以依靠,只能靠自己,所以,他倍感孤独。因此,领导者常被称为"孤家寡人"。

在常务、专务、副社长当中,有许多人觉得"我和社长做着相同的事情,说起来,我工作能力更强。我比公司的社长更了不起"。但是,这些人一旦当上社长,立刻吓得直发抖,他们比任何人都了解当领导者是多么困难。

比如,在人事问题上,社长不能轻易跟自己的下属商量,不得不自己决定。所以,社长感到十分孤独、烦恼,不知道自己的决策是否妥当。

就算从这一点看来,我认为,社长内心是否拥有一座心之坐标轴,用以作为判断、决策的基准,这是至关重要的。而这个基准就是"作为人,何谓正确"。

在创业时,我经常告诉自己:"作为人何谓正确,要基于原理原则经营。"这些原理原则是指是非的判断基准,同时也是善恶的判断基准。公平、公正、诚实、真诚、爱、勇气、羞耻心、同情、正义、关爱、严格、正直、坦诚等,我们有没有把这些人类的基本道德作为自己内心的坐标轴,这至关重要。也就是,在做判断的时候,至少要拥有"作为人,何谓正确"这一基本道德观。而拥有这个道德观,实际上是要求我们必须有高尚的灵魂。

诸位的灵魂的本质,其内容可以用真、善、美这几个字来表现。灵魂是指真，是指善，是指美的事物。在佛教中，把这种现象称为"人人皆有佛性"，还有一句话是"山川草木悉皆成佛"。这句话的意思是山川河流、花草树木，一切事物中都有佛性存在。一切森罗万象都有佛性。灵魂，就是我们人类的佛性。所以，人才会有追求真善美的行为。

同时，我还用"充满爱、真诚与和谐的事物"来表现灵魂。由爱和真诚产生的、调和的就是心灵。

人本身是真、善、美的，所以，您只要把自己身上的真诚、善良、美好作为判断基准就可以了。但是，因为是人，所以，许多欲望遮蔽在真善美之上，使人难以把真善美作为判断基准。几乎所有人都会优先满足自己的欲望，把它作为判断事物的标准。用真、善、美，用充满爱、真诚与和谐的灵魂基准判断事物、做出决策，对社长而言是非常必要的。

再多说一句，因为我们是人，所以美好的灵魂往往被利己的欲望、被只顾自己的私欲遮蔽，但是，请抑制这些利己之心，以利他之心判断事物。利他就是指有利于他人、为他人着想的关爱之心，就是指爱。

说得再具体一点，首先，在人事上要公正。在人事方面，无论多小的公司也绝对要不偏不倚。而且，在人事上不能感情用事。同时，社长要严格地把公私区分开来。绝对不可以公私混同。这是第一点。对您的提问而言，这就是"必须要有心灵的判断基准"。

承担无限的责任

第二点就是企业的一切责任都在自己身上,社长对企业负有无限的责任。

企业是无机物。但是,一家企业至少应该因为社长的存在而变得有生命。有生命的事物必须有自己的意志。而把这种意志注入企业中的,正是社长。

假如把企业当作人的身体,社长就是脑袋。一个企业作为有机体,必然有脑袋、心脏、意志。所以,假如这家企业的社长离开企业,变回个人,企业就没有人开动脑筋,没有人思考问题。当意志不存在的时候,企业就变为无生命的物体。只有当社长给企业注入灵魂,注入生命,企业才能化为有机体,获得生命力。所以,一个企业是否能成为充满活力的有机体,取决于该企业的社长对企业负有多大的责任感,及是否倾注了自身的意志。

把自己的人格、意志注入企业

第三点,刚才我说过,社长对企业、对组织产生影响力,而且必须产生影响力,因此,必须要把自己所有的人格和意志注入企业当中。

为了员工，比任何人都勤奋工作

第四点，不为公司，而是为了追求全体员工物质和精神两方面的幸福，社长必须比任何员工都努力勤奋地工作。

当上社长后，人就会傲慢起来。比如，往往会贪图轻松，乘坐公司的公用轿车。不可以这样。社长不为公司，而是为了追求全体员工物质和精神双方面的幸福努力工作。跟任何员工相比，社长必须是最努力、最勤奋的人。正因为如此，社长才能批评、指正员工。

社长自己不工作，却一副了不起的样子。这样的人批评员工，员工也不会信服。特别是中小企业，这样的领导者不会有任何人追随。"我为了各位员工，这样没日没夜地工作。而你却是什么态度？！你的工作态度不对头！"越这样说，员工越会敬畏，愿意跟着社长走。

培养高尚的人格

第五点，正因为要有这种判断基准、这种日常的思维方式，所以社长必须是受员工尊重的人。为此，社长必须是出色的人、有远见卓识的人。要成为人品高尚、受人尊敬的人，就必须提高心性。

对社长的要求有很多，因为没有时间的缘故，只要遵守这几条，您就能成为合格的社长。

当好社长的5个要诀如下所述。

第一，心中拥有判断、决策的基准。

第二，承担无限的责任。

第三，把自己的人格、意志注入企业。

第四，为了员工，比任何人都勤奋工作。

第五，培养高尚的人格。

经营问答十

怎样建设充满价值感、充实感的企业

⊙ 问题

怎样建设充满价值感、充实感的企业文化，同时，作为公司中年纪最小的社长，应该怎样与员工接触。
（2001年经营问答，提问者20来岁）

□ 塾生问

经营两家公司

第一，在小微企业中，怎样构建体系，才使每一位员工通过企业、通过工作感觉到有价值和充实，并形成这种企业文化和氛围？

第二，我虽然是个经营者，但刚出校门，社会经验很少，而且，我在公司中年龄最小。在这样的情况下，身为领导整个企业的经营者，我应该怎样与员工接触？

在我升入大学的那年，得知父亲患上重病。这个消息不是他本人告诉我的。大学毕业后，我在东京一家帮助中小企业从事加盟事业的企业就业，可是去年，也就是2000年4月，父亲把我叫回家，于是我回去了。遗憾的是次月父亲就去世了。在没有做好充分交接的情况下，我继承了父亲的事业。

我家从1660年开始从事干货生意，祖祖辈辈都是商人，我是第8代传人。从1949年开始，我们改为株式会社，开始从事食品和酒类批发。但是，由于产品恶性价格竞争和行业渠道变革，1984年把食品批发部门分离出来，1996年和其他公司合作，梳理了酒类批发部门。现在只剩下以干货为代表的食品，及经营茶、器具等产品的零售店部门。酒类批发部门移交给新公司，委托给合作方经营，因此，在经营上跟我没有任何关系。

与此同时，父亲在1975年成立了加工批发海苔的企业，是附近地区唯一拥有海苔招标权的企业。我们在九州和濑户内海大量收购海苔，在当地加工之后，再卖给地方上的寿司店、餐饮店、旅馆及超市等。在这几年间，销售从5.5亿日元发展到6亿日元，公司里，以我为首的经营人员、职工、临时工共有三十来人。

就这样，我经营着两家公司，一家是食品及干货零售公司，一家是海苔加工批发公司，不过，现在我在海苔加工批发公司投入的精力比较多。

成为令员工有价值感的企业

第一个问题有关"怎么建设体系,才能使每一个员工通过公司、通过工作,感到有价值及充实,并形成这种企业文化和氛围",希望塾长指点一下要点及需要注意的地方。

在我大学毕业后就业的公司里,聚集了许多未来想做经营者或身怀专业知识的人才。他们在工作中积累经验,从他们中间,诞生了许多企业家。虽然我只在那里工作了短短一年时间,但却被委以重任,帮助中小企业经营或支持他们的加盟店事业。

我从一大早工作到晚上,直到错过电车末班车。身体上虽然很劳累,但却完全没有被公司驱使的感觉。而且,从加入公司开始,就全权负责10家店铺,每天充满了价值感、充实感和成就感。现在回想起来,当时之所以能坚持工作,也是因为知道了父亲的病情,知道自己终有一天将成为经营者,于是有一种强烈的学习欲望,觉得一切都是为了学习如何做好经营者。就算工作很辛苦,我也不觉得疲倦,努力一点一点地前进、成长。

我能做到这些,也许是因为有成为经营者这个目标。不过,我觉得不管是经营者还是员工,根本上都应该以同样的心态投入工作。经营者也好,员工也好,所剩的社会工作时间各自有限。虽然只有很短的社会工作经验,但我觉得,在工作上要勤于思考灵活有效地利用时间的方法，并一步步地实践，这是工作的基础。

但是，我们公司虽然人不多，却很难让所有员工都有同样的意愿。各人的目标、追求，及进取心、干劲等所谓"心态"因人而异，这是理所当然的事。给有成绩的人职位，或通过薪酬反映工作成绩，也不失为一种方法，可是，我更加重视各人的心态情绪，在思考能做些什么。

塾长以前讲过："就算是打扫卫生，也应该日日钻研创新。"这句话给我留下深刻的印象。我觉得，不应该一直持续过去的做法，而要时时思考更好的工作方法，并去实践它，实现它，这样才能给人带来价值感、充实感和成就感。

在我内心当中，希望公司能够变成一个尊重个人意志和感受的企业。但是，在人手不多的企业当中，员工一人多用，完成业务已经是勉为其难。而且，我们是小微企业，所以可供晋升的职位不多，就算领导者高喊目标和成长，但员工却没有真实感，这是员工内心的真实写照。

在具体的措施上，我从去年（2000年）8月开始，用与过往不同的方法举办经营方针发表会。过去，都是社长和部长等干部制作材料，进行发表，而这次强调全员参与，各部门从制作材料的阶段开始，就全员一起讨论，以公开宣讲的形式发表各部门及个人的方针目标。我相信，不管企业规模大小，只要各部门及个人定好目标，朝着它每天迈进，就一定能带来充实感和价值感。

但是,另一方面,公司里也有一种想法,认为公司人数不多,又是小微企业,每天光做业务就已经忙不过来。在这样的企业,不必强调价值感和充实感之类的东西,社长定好目标,就算有些粗暴,但员工只需要依命行事,专注于眼前的业务就可以了,这使我陷入了理想与现实进退两难的境地。

身为社长,年纪最轻的我应该怎样领导企业

接着,我虽然是经营者,但社会阅历很浅,而且,在公司中还是年纪最小的人,在这样的情况下,作为一个企业的经营者,我应该怎样与员工相处?希望塾长能够给我一些指点。

担任前社长的父亲在病发后,约在5年内断断续续多次住院。期间,公司运营以营业部长和业务部长为主。对此我真的非常感谢。他们两人都是40出头,在公司的年份也最长,从我小时候开始到今天为止,工作了近20年。前社长也打算让这两人当董事,所以,这次,在我出任社长的同时,营业部长升任常务董事兼营业部长,业务部长升任董事兼业务部长。包括这两人在内,半数员工都工作了近10年。大家都非常乐观,带着自豪感拼命地投入工作。

但是,在前社长住院期间,不知从何时开始,他们不再制作应该提交的资料,也疏于报告和联络,事情逐渐地变得含混而松散起来。

我虽然年纪轻，但既然成了公司的社长，"就算年龄是一个障碍，我也不能逃避责任"，我对自己说。脑子里虽然这么想，但实际上却因为觉得自己年纪最轻，每当想指出问题或提出批评的时候，多少有些顾虑。讲话的时候也总是会过于在意别人的感受。有时，当我发表意见的时候，有的员工还会反驳："社长没有经验""过去我们没做过这样的事情"。

海苔行业因为产量、行情、品质每年都不相同，必须依靠丰富的经验。在海苔方面我还是一个新手，需要拜员工为师，向他们学习各种知识。而且，在公司经营方面，我社会阅历尚浅，所以，有好几年我都认为不要太多批评或指点员工，还是少说话比较妥当。但同时，每当想到有明海环境问题给海苔行业带来的危机，我又觉得假如保持沉默，销售和利润只会不断减少。虽然，只要靠自己的实力做出成绩，就可以解决这个问题，但这还需要时间。

在这里，首先我在力所能及的范围之内，尽可能地向每一位员工表达自己的情感思想。此外，我还从盛和塾某位塾生那里学会并实施了一个措施，就是在每月的薪水袋中放入一张纸，上面以"社长通信"为题，写着我自己的想法和思考，以及想向员工传达的信息。我把它发给所有员工和临时工。

过去，前社长培养了员工。今后，虽然我未必能教给他们什么东西，但身为年纪最小的社长，我应该怎样团结这些工作资历和行业经验都很丰富的员工？其中的要点和需要注意的地方是什么？请塾长指教。当然，我自己打算挺身而出，冲在全公司的最前面，努力工作，保持和员工的沟通，然后坚持自己的思想，磨炼人格。其重要性在塾长多次的指导下，我已铭记在心。

以上，这是来自一位小辈的提问，请多关照。

◆ 塾长答

建立机制，提高参与意识，激发价值感；谦虚请教，认真学习，培养员工信任。

让员工充满价值感的企业

父亲去世之后，您当上社长才一年时间。您真的非常年轻。但是，听您的提问，我觉得您是一个非常聪明的人。您归纳得很好，想法也很清晰。我觉得您十分优秀。

您的第一个问题的具体内容，是想知道怎么构筑体系，才能让每个员工通过公司或工作，拥有价值感和充实感，并在企业中形成这种文化与氛围，您希望我告诉您一些要点或者应该注意的地方。这是一个比较含糊的问题，无法具体回答，是一个很难的问题。

您父亲被病魔缠身，叫您回家，于是您回去了。可是，父亲很快去世了，您成为经营者才不过短短一年时间，却拼命思考应该怎样激发员工的积极性,应该怎样激起他们的干劲。听了您的话,我觉得您是一个刻苦学习、头脑清楚的人。您有两家企业,一家是卖干货的零售店,另一家是海苔加工公司,员工一共三十来名。销售规模5亿~6亿日元。一边听您讲话,我一边想起自己在27岁创立企业时,公司只有28人的情形。

大学毕业后,您进了和现在公司很不一样的企业,那似乎是一家专门指导人们成为经营者的企业。你在工作中找到了人生价值,体能虽然消耗很大,却每天拼命工作,直到很晚,甚至错过末班车。您负责支持加盟店,每天过得充满了价值感、充实感和成就感。因为将来要继承事业,成为经营者,所以您把工作当作学习,即便工作繁重,也毫不厌烦,孜孜不倦。因此,您希望员工也有同样的心态。虽然您是因为有成为经营者这个目标,才不管多苦也能忍受,但您觉得,就算是打工族,在根本上也应该以同样的心态从事工作。

但是,我不这么认为。您是因为不得不继承父亲的事业,所以才能工作到半夜也不知疲倦,拼死拼活地努力,还能感受到价值和充实。所以,虽然您觉得别人也应该和您一样,但在这一点上就有一些不同。

以我为例。我刚刚成立公司的时候,目的是让我的技术问世,就算很辛苦,也是"为了让自己的技术问世"。在两三年过后,却想的是必须让员工幸福,所以,工作再苦再累也不以为意。但是，员工却不是这样想的。在这样的情况下，应该怎样营造公司的文化氛围，使员工感到有价值和充实呢？

员工只想拿到尽可能多的薪水。说得极端一点，员工都希望在活少钱多的公司上班。我觉得这种想法毫不虚伪。既然如此，应该怎么做才能让他们拼命投入工作呢？就像您刚才讲的一样，虽然也可以采用一些类似绩效主义的方法，比如给努力做出利润的人提高薪水，给个人评估优秀的人晋升的机会，但这样做反而会给员工心态以负面刺激，不太妥当，因此您很烦恼。您说得完全正确。

积极性的原点是"参与意识"

过去你们的经营方针发表会都由社长、部长等管理层准备经营计划等资料，然后告诉大家，今年要这样做。但您上任后，要求全体员工一起制作计划资料，由各部门讲述各自的方略，让他们向大家宣布"想达成这样的实绩"。这对提升员工的自主积极性非常重要。要激发员工的干劲，就要让他们从策划、计划阶段开始参与，这非常重要。

然后，光是参与还不足够，采纳员工提出的意见也很重要。就是说，决定企业经营方向的经营计划，要使员工感到"我也参与了。这个计划并不是公司强加给我的，而是我参与设计的，我的建议也包含在计划中"。不管公司规模有多大，制订的计划要反映出员工的建设性方案,让每一个人都有参与感,这至关重要。而这一点,您已经在做了。

描绘梦想的愿景,激发员工积极性

您有较强的经营者自我意识,不管多辛苦都能承受,问题在员工身上。再小的集体,如果想要激发员工的自主性、积极性,就必须明确目标、愿景,明确企业的前进方向和道路。这些东西不是由全体员工参与制定,而是根据您个人意志制定的。"既然我当上了社长,那么,未来我想让公司朝这个方向走",您要明确目标。而这个目标的还应该是为了爱护员工而制定的。

"虽然我们是中小微企业,不管是薪水还是待遇,未来我希望实现这种程度,一切都是为了员工着想。因此,我们必须尽可能把公司做大做强,强化财务体质,朝着这个方向走下去。所以,也请各位朝着我的愿景目标,齐心协力,助我一臂之力。具体计划希望和各位一起思考",像这样把员工团结起来。

在 27 岁刚创立公司的时候,我说过这番话:"京瓷虽然是一阵风就能刮跑的中小微企业,但我们马上就要做到京都市中京区西京原町第一。做到西京原町第一后,要做到中京区第一;做到中京区第一后,就是京都第一;做到京都第一后,是日本第一；做到日本第一后，是世界第一。"

就这样，我描绘着貌似异想天开的愿景，并一遍又一遍地向员工讲述。他们视线全部聚焦在这个宏伟的目标上，变得热血沸腾、激情澎湃。

在要钱没钱、要什么没什么的时期，我提出异想天开的目标，激发了员工的关心和注意。我只能这么做。这样做的结果就是员工都把眼前芝麻绿豆般的抱怨不满抛到了九霄云外。虽然，我制定宏伟目标并不是为了打消员工当下的不平不满，但客观上却取得了这样的效果。

强悍、刚毅兼具

虽然，您期望员工变得像自己一样，激励员工"积极干，加把劲，要自我驱动"，然而，单凭提出愿景，是很难行得通的。员工只是来打工的，他们只希望工作尽可能轻松。所以，您才会说："大家觉得只要社长定好目标，就算粗暴一些也没关系，员工只管做好眼前的业务就行，所以我陷入了理想和现实进退两难的局面"。您抓住了问题的关键。激发员工的干劲固然重要，但是，在二三十人的公司，经营者必须率先垂范，带头工作，"跟我来！我不需要掉队的家伙！"必须让他们看到大将那果敢勇猛的背影。必须得有这种强悍和刚毅。

激发每个员工的干劲，使他们自主自觉地工作，这样的状态很理想。但是，在中小微企业当中，员工的想法是"公司这么小，就算拼命干也不可能给我涨薪水，也不会有多少奖金"，很难主动产生积极性。但是，即便如此也不要灰心失望。经营者要带头冲锋陷阵，"跟我来！"呵斥鞭策部下，带领着他们前进。说得极端一点，对那些跟不上队伍的人，甚至可以不需要他们。这不仅仅是理想主义，也是让员工跟上、决一胜负的需要。

您虽然年纪轻轻，却很聪明，对这一点有充分的认识。虽然您说这是"陷入理想和现实进退两难的局面"，然而，真正的经营者都有这种进退不得的矛盾感。没有这种感受的人，不是真正的经营者。经营者单凭理想主义经营不了企业，同时，他还必须拥有引领大家的力量。所以，我觉得有这样的矛盾感也没有关系。

问题是您继承了父亲的公司，在公司里年纪最轻。在过往的经营者当中，这是最残酷的因素。这是即使优秀也解决不了的因素，我想，没有比这更加恶劣的了。因为，您并不具备实力和经验号召员工"跟我来"，领导员工前进，所以，只能制定刚才所说的愿景，对他们说："我打算依照这个方向经营，请各位一定要协助我。"要这样引导他们。

要谦虚，不要骄傲；以员工为师，积累经验

您的第二个问题，不管身为经营者还是社会人，自己资历尚浅，在公司年纪又最小，作为领导企业的经营者，怎样与员工相处才好。这也是关系到经营本质的关键问题。

您谈到把父亲重点培养的两位部长提拔为董事。您这样做，也有"请你们做我的左膀右臂，助我经营、支持我"的意思。我觉得这样做非常高明。我想，不仅仅这两个人，其他的二十几名员工也都把这件事看在眼里，觉得这一位年轻的社长真的很器重我们，对维系与员工之间的信任非常有利。

然而，在实际工作开始之后，您虽然心里不满意，却因为自己年纪小，对指正或批评员工有所顾忌，讲话时也小心翼翼。而且，部下还顶撞您说："社长经验不足"，"以前没有做过这种事"。在您父亲在任期间，他们工作得更加认真仔细一些，但现在却连报告也不打了，组织变得松散起来，这使您很担心。

您对这个问题大感苦恼："我现在还需要请员工指导。这个工作需要丰富的经验，所以，我把员工当作老师，请教他们各种知识。而且，在公司的经营上，我资历浅薄，这的确是事实，所以，这几年我就先不要指正他们的错误，不要批评他们，可是……"在这样的情况下，正如您刚才所说的一样，在食品、干货零售及海苔加工方面，您要拜员工为师，向他们虚

心请教、彻底学习。而我认为，您是否能在很短的时间内掌握员工持有的知识技术和经验，这是关键。我不知道这需要花费几年，但您要谦虚不要骄傲，虚心学习、认真请教，这样一来，即使您年纪很轻，各位员工也会对您心生敬意。我认为这是最重要的。

但是，如果企业内部变得松散，就会不成样子。所以，您应该以果断的态度说："对不起，这个地方请您改正，否则我会很为难。"假如对批评指正心存顾虑，公司内部就会出现歪风邪气。任何人都觉得明显是错误的事情，就算您年纪再轻，也应该直斥其非。但是，如果您因为社会经验不足，在批评、指正部下的时候欲言又止、吞吞吐吐，反而会遭到部下的反抗，公司内部就会变得混乱。我觉得，彻底把员工当作老师、向他们请教的态度非常重要。

虚心向员工求教，然后，比员工加倍付出努力。只要保持这种态度，几年时间您就会赢得他们的尊敬。说到底，如果在人格、日常生活、工作上，不能让员工感到佩服说"这个社长很优秀"，就不可能成为真正的指导者。

您说："过去，社长培养了每一个人，今后，即使我没有什么可以教给他们，但身为年纪最轻的社长，我应该怎样团结工作和行业经验丰富的员工呢？请您指点要点和要注意的地方。"答案我刚才已经告诉您了。

身怀具有普遍性的哲学，磨炼思想与人格

您接着又说："当然，我自己会挺身而出，冲在全公司的最前面，努力工作，保持沟通，而且，坚持自己的思想，磨炼人格，我已经从塾长多次的指导中领会了其中的重要性。"可是，在坚持自己的思想之前，首先要有优秀的思想。拥有优秀的思想，换句话说，就是拥有具备普遍性的思想，并把它牢牢坚持下去。如果坚持的是莫名其妙的思想，则起不了作用。您来到这里学习，表示您心里希望拥有优秀的思想，拥有出色的哲学。提升自己的思想、哲学水平，使它们变得高尚，磨炼人格。数年后，员工就会佩服地感叹"我们的年轻社长果真优秀"。

您继承父亲的事业，年纪轻轻就经营中小企业，还不得不用好年长的员工，我想您一定吃了不少不为人知的苦，不过，请您务必加油。

为了保证企业的长治久安，要提高利润

同时，我想您也懂得的，请务必提高利润率。正如我对盛和塾的诸位塾生说过的，要有10%的利润率，这是理所应当的。比如，有5亿日元的销售额，至少应该有5 000万日元的税前利润。企业经营受市场行情左右，假如遇到不景气，客户

可能会跳票，还会遇到各种状况。所以，在完税的基础上，请您把2 500万日元左右作为资金储备。

所以，提高效益非常重要。效益保证了企业的长治久安。按照贵公司现在的利润率，还不足以保证经营的稳定，所以，首先您要努力提高利润率。

经营问答十一

接班人的选拔基准及正确的接班方法

⊙ 问题

选择接班人的要点及交接时期，应该注意的重点是什么。

□ 塾生问

为了事业的进一步发展选择接班人

关于选择接班人，我想提以下三个问题。

第一，选择接班人的要点。

第二，交接的时期。

第三，交接过程中需要特别留意的重点。

请允许我介绍一下提问背景。本公司在创业15年后成功在东京证券一部上市，现在拥有超过800家店铺，这自然是集团全体员工、临时工、兼职人员努力的结果，然而，根本上也有赖于经营理念的渗透。

我们的经营理念与京瓷公司一样，"追求全体员工物质和精神双方面幸福""通过企业行为为地方社会做贡献"。我以前曾经经营过其他公司，也破过产，在经营上曾有过一段迷茫的时期。在10年前，当我正彷徨迷茫时，遇见了稻盛塾长，受到巨大的震撼。

从那以后，我面向实现经营理念，把追求人的幸福和成长、结果使公司获得发展作为自己的目标。在需要做出经营判断的时候，我总是一边看着自己的笔记，一边思考"假如是塾长，会怎么判断"，以此作为判断的基准。我想，这就是我打动员工的心、使他们做到付出不亚于任何人的努力的动力源泉。

我10年后的梦想是运用英语、德语、法语，在全世界扩展业务。在15年前创业时，我被当作二手书贩子，被人看不起，要钱没钱，要人才没人才，连门店也没有。但是，我希望通过实现梦想，回报那些和我一起创业、面向明天、一直坚持努力的人们，以及那些一直支持我的人们。

通过店铺运营培养人才是我们的强项

在开设第一家店招募员工的时候，根本没有人理睬我们。来我们二手书店工作的都不是职员，而是小时工，其中有些人连名字都不会写。但是，以这些人为核心，我们以30家店为目标，不断地成立新店。

首先，我喜爱大家，信任大家，与他们一起吃，一起喝，一起谈论梦想。于是，他们一点一点地成长了，其中还出现了一流的店长。如果从之前的公司转型，员工齐备，就不会以临时工、兼职人员为核心，而是依靠职员，那么临时工、兼职人员也就没有必要做判断，只要重复作业就行，我们就会变成普通的店铺。现在，直营店的临时工、兼职人员全都能提出措施方针，实现当月的目标数字、实绩数字，达成目标。

各个店铺都在培养经营者。身为经营者的店长带动临时工、兼职人员购入书籍，从事加工、销售、回收货款，还拥有商业中最关键的买卖定价权。每个店铺的运作都体现了经营的关键要素。我打算以此为武器，在公司内部培养出100名经营者。

而且，店长是所有临时工、兼职人员的幸福承包人，他们的任务是取得临时工和兼职人员的尊重。人们对店长很尊重，觉得当店长非常帅气，于是主动请缨担任店长，承担责任，新的店长就这样诞生了。现在，通过重复这样的过程，事业在持续发展。

让在店里有过经营历练的人做接班人

现在回到问题上来。我50多岁才创立公司，很早就决定不选亲戚担任下任社长，一直对员工说，"下任社长从你们中间选出"。

在 IPO 的时候，我招聘了来自大企业的优秀人才进入管理部门，构建正规的组织体系。但是，我希望选择的接班人不是半路进公司的人，而是对经营理念有切身体会，并在店铺的现场经营中长期历练过的人。

我认为选择接班人有以下两个要点。一是在门店里实践经营理念，对理念有切身体会并能融会贯通。另一个是从运营店铺的经验中掌握所有提升收益的方法诀窍。现在公司内部已经选出了两三个候选人，我正在让他们积累各种经验，以使他们走上经营领导者的道路。

还有，我会和亲人联手从事二手书店这一主业之外的工作。特别是我优先考虑让儿子自己创业，让他体验创业者充满血汗的艰辛，因此，早在 15 年前就公开表示不会指定他做接班人。

在这种情形下，选择接班人的要点、接班时应该怎么做，及交接班时需要特别注意的重点，希望塾长能就以上三点传授经验，如能得您指教倍感荣幸。

◆ **塾长答**

选择在现场经受过锤炼的诚实者做接班人，并让他学会会计。

独特的销售渠道

我想起来了。以前我曾经在盛和塾听说过您的业务，当时，我非常惊讶，还说过："您是个天才！"

在 50 岁之前，您吃了很多苦头，之后才开始经营二手书，以独特的想法建立了二手书的销售渠道。以定价的一成购入书籍，再以定价的一半价格卖出去。如果三个月卖不出去，就把价格降为 100 日元，这是您的买卖机制。如果买来的书脏了的话，店长、临时工、兼职员工就会使用各种工具，把它打理得和新品一样干净漂亮才拿去销售。

当初，我在听到这一段的时候，忍不住夸赞"太棒了"。就像刚才您说的那样，店长带动临时工、兼职员工采购书籍、加工、销售、收款。一般情况下，怎么采购、怎么销售都必须询问上级，但您定好了规则，不管什么样的书，都按照定价的一成购入，所以，就没有必要判断是否应该采购这本书。规则里也许还有其他内容，但主要是把别人拿来的东西全部按照定价的一成购入，然后半价销售，卖不出去的东西价格大幅降低，最后以 100 日元的价格出售。

独立核算的店铺运营能够培育人才

店长拥有采购的权限，他还组织临时工、兼职人员一起在店里营造热闹的气氛。店长共有经营理念,和临时工、兼职人员团结一心,使店铺洋溢着热烈的气氛。然后,书籍采购、加工、销售、收款一气呵成,由各店店长负责。您构建起这样的独立核算体系,我觉得很了不起。

您说"因为是二手书店,所以,在店铺刚开张的时候,就算招聘员工,也没有一个人来应聘,来的都是做临时工、兼职的,所以只能聘用这些人",我想,这正是您成功的原因之一。当然,您的例子也许比较极端,只有一些连字也不会写的人来应聘。您说道,"我依靠这些临时工、兼职人员,拼命地树立经营理念,通过教育员工,使他们成长为优秀的店长"。假如您之前的事业没有破产,而是成功了的话,您完全可以利用以前公司的员工经营二手书店,这样一来,您就只会把这些临时工、兼职人员当作打下手的人员,而以员工为中心运营。

但是,事实是您只有这些临时工和兼职人员。二手书店感觉不上档次,聘请不到好员工,只有临时工和兼职肯来应聘。您拼命教育这些人,与他们共有经营理念,以"大家一起幸福"为口号,把经营二手的企业办得有声有色,努力让所有人幸福。您和他们之间,不是经营者和临时工、兼职员工的关系,您把他们当作伙伴看待,还教育他们。因此,他们都有了出色的成长。

然后,您说"店长最重要的工作是获取临时工和兼职人员的尊敬"。在您的集体里，临时工和兼职都尊敬店长，感觉当店长很帅气，于是主动希望成为店长，并毛遂自荐，因此新的店长如雨后春笋般出现。就是说，这些无名小卒当上店长，大展拳脚。以这些人为骨干，您的店铺不断扩张，现在已经超过800家。今后，您还打算继续培养店长、临时工和兼职人员，让他们变得更优秀，让事业扩展得更大。

让在现场受过锻炼的人成为接班人

在这个过程中，您感到是时候选拔接班人了。早在15年前，您就曾经公开声明，不会从自己的亲人中挑选接班人，所以，您打算从公司内部选拔人才。

现在，您的企业规模变得很大，销售额达到了350亿日元左右。因为销售额增加，所以您聘请了一些大企业出身的、懂得财务的人进管理部门。然而，您并不打算选这些人做接班人。您只想让这些人作为工作人员，在管理部门帮忙，而选择经历过和自己同样辛劳的人，也就是在店里工作、对经营理念有切身体会和深刻理解的人做接班人。同时，您还提到希望选出懂得采购、加工、销售、收款，并把店铺经营得利润丰厚、有声有色，通晓个中奥妙的人。我也觉得应该如此，应该选择经过现场锻炼、对店铺的事情了如指掌，并通过辛勤劳动掌握经营真谛的人。您只能选这样的人。

京瓷的社长现在已经是第六任了，可我们现在还在致力于实现经营层的年轻化。我告诉这些接班人："虽然我们已经成为超过一万亿日元规模的庞大企业，但是，还是应该从现场中，从投身制造、真正吃过苦的人中间选择接班人。"我们在国外的业务也很兴旺，所以人们或许认为需要精通外语、八面玲珑的人才。当然，招揽这样的人才也许很重要，但我的建议是，因为我们是制造业，还是应该从在现场受过锤炼、吃苦耐劳、懂得自力更生的人中选择接班人。所以，您刚才说得不错，请一定要按照您的想法选出如意人选，担任未来的接班人。

会计知识不可缺少

只有一点我补充一下。您现在有 800 家店铺，今后还会进军海外，不断扩张，所以，除了经营好各个店铺，还需要整合各店铺的损益，看整体大局。这样一来，就要求原本在现场运营一家一家店铺的人进一步扩大视野。

因此，您应该先选出几个候选人，让他们正式掌握财务、会计知识。然后，从大企业聘用讲师，培训他们，让他们理解管理部门的工作，并懂得怎样管理这些部门的工作人员。有必要让他们借助会计师的力量，制定利润表、整合各店结算报表，管理每月的利润。同时，所有店铺的数字都会出现在资产负债表上，您还可以教他们理解资产负债表上数字代表的意义。社长也要一起组建这些培训，这个姿态很重要。

在国外也一样，只有通过会计手段，才能掌控三四百亿日元规模的庞大企业。这些工作不能全部交给来自大企业的管理人员，而是要充分理解会计，具备用好这些人的力量。对于现场锻炼出来的人，要让他们花一两年时间学习这些高深的内容，然后让他们学习"帝王术"。

让诚实的人做接班人

还有一点是人品，不过在您这里应该不会有问题。接班人必须是赢得员工尊敬及信赖的人。不管在现场经营中怎么有手段，怎么能盈利，人品还是很重要的。

具体地说，就是"诚实"第一。要有责任感、诚实、有正义感。认真而诚实的人，决不会背叛经营者、员工或下属的人——希望您选择人才的时候要结合这些人格方面的要素进行考虑。

这是因为，就算看上去理解了经营理念，如果人格不够稳健，当他当上贵公司这样的大企业社长，就会得意忘形，把过去学到的经营理念全部忘光。然后，随心所欲，任意妄为。人们常说，做人要诚实、不见异思迁、要认真质朴，我觉得应该选择拥有这些品质的人。把我写的《实学》作为教材，让会计师向这些人讲解《实学》的含义，这对学习会计非常有益。

爱惜您的儿子

同时，让您的儿子、亲戚从事完全不同的事业。我觉得这样最好。您的企业已经上市，您应该持有不少股份，也应该有一些资金。您可以给您的儿子一些。虽然智慧没办法给，但钱是可以给的。

以前我也讲过，西乡隆盛曾说过，有功者得其财，有才者、有品格者居高位。当时，明治新政府打算让明治维新中立功的人担任要职，出任政府官员。但是，如果让没有能力的人居高位，国将不国。西乡说过，对待有功劳的人，应该给他相应的厚禄，也就是给他金钱，而要选适合的人担任大臣或政府要职。同样，我也说过，要在公司内部选择合适的人担任企业的接班人。

您一定很爱儿子，所以，也必须爱惜您的儿子。我认为您可以告诉他："真的很抱歉，我给你钱，你拿着这些钱自立吧。"这并不是要您丢开手不管，而是让您把儿子当作儿子来爱护。给有能力的人职位，给您的儿子钱，如果他希望像他的父亲一样做一番事业，也可以给他新的业务，他愿意的话，也可以去打工，让他选择自己的人生道路。

怎样在国外开展业务

您的企业每家店铺都能完整地独立运营，所以不必担心，然而，今后的问题除了选择接班人，还有怎样在语言不通的国外开展业务。在国外开展业务的过程中，常常会出现各种各样的问题，比如理念被稀释，出现不正当操作等。

怎样掌控整体？第一，利用会计手段进行掌控；第二，统一人的思想；第三，做好管理，防止不正当行为产生。这三者的治理是个问题。

在国外扩展业务后，应该怎样治理企业？在扩大规模的同时，怎么做好企业治理，这是一个非常重要的事情。在治理企业这个问题上，您可以采用我刚才列举的三个手段。

祈望您的企业今后有大发展。

经营问答十二

作为第二任经营者,怎样做好事业的整改及继承

⊙ 问题

创业者去世后,经营者作为第二代,询问在事业关闭整合、人员梳理,以及遗产继承等方面应该注意什么地方。

□ 塾生问

提问背景

本公司在2000年度,销售额为59亿日元,经常利润曾为3亿日元,到了2008年度,销售额为32亿日元,因为继承事业,经常利润出现了6 300万日元亏损。销售额减少的原因是加盟店倒闭或退出,而亏损的主要原因是支付父亲的死亡抚恤金和吊唁金,一共付了34 000万日元。如果没有这个非常规

的损耗，公司原本盈利1 000万日元。

本公司由父亲在1976年创建，今年是第33年。创业时，现在的食材、盒饭配送商业模式还完全没形成，所以银行不理睬我们，就算抵押家里的房子贷款，钱也不够，所以我们只好卖掉房子，全家搬到公司附近的公寓居住，这就是公司的起步。

因为有这段经历，身为创业者的父亲不信任银行，不从银行贷款，而是从事现金交易，信奉预付制，并凭借在良好的现金流方面的经验技巧，构筑起连锁加盟店的商业模式。

当时日本正处于经济大好的时期，而且出现了夫妻双职工家庭，我们的生意取得了很好的反响，创业第一年就足以开设加盟店，产生了2 000万日元经常利润，刚起步就顺风顺水。因此，我家在公寓里只生活了一年，我也转回到了原来的小学。

之后，加盟店顺利增加，家里的生意发展起来。因此，总店也把重点放在如何优化现金流，无贷款经营是父亲经营的首要目标。他拒绝了银行提出的融资邀请，在2005年度实现了完全无借款。

而且，为了充实自有资本、内部储备资金，我们没有固定资产。在经营中，我们尽可能租借房屋，公司没有自有土地房产。"人才能生钱，但总部的房子不能生钱。不能建造总部大楼"，这是父亲的口头禅。

在明确划分个人资产和公司资产方面，父亲也不含糊，他一直强调不能公私混同。尤其在个人土地房屋和车辆方面，坚决不能使用公司的钱购买，对此父亲尤其严格。因此，除了送货车之外，公司没有购买任何资产。这种思维方式为"肌肉坚实的财务体质""完美的结算表"奠定了基础。

而且，在特许加盟店方面，我们也不是靠增加土地房屋、聘用人员这种高风险的方法，而是共有经营理念，以共生存、共繁荣为目的，不断吸收伙伴，选择了低风险低回报的经营方式。

在公司的加盟体系中，特许费不是按照销售额比例计算，而是固定金额。一般的加盟连锁店都会收取销售额的4%左右作为特许加盟费，而我们集团对每家公司收取15万日元的固定费用，虽然不同地区因人口不同有些许变动。这些固定费用大概占销售费用的0.5%。

之后，2002年整顿子公司，出现了特别损耗，业绩恶化。父亲为此以引咎辞职的态度，在2003年辞退社长之位，由我出任社长。我曾听父亲说他在36岁创建公司，所以想在我36岁时把公司转让给我。对于父亲而言，也许这正是他退下来的好时机。

在2007年8月，年仅64岁的父亲因动脉瘤破裂离开了人世。他突然倒下，没有对任何人说一句话，瞬间离开了人世。我很后悔，早知道在他去世之前，向他了解更多事情就好了，向他直接表达自己的感谢之情、多孝顺他就好了。

因为我一直在以社长的身份经营公司，所以父亲死后，公司和商业伙伴之间没有发生什么问题。然而，创业者的离世还是对经营留下了不可估量的影响。既有的加盟店向心力降低。事实上，随着业绩的低迷，加盟店接二连三地退出、破产。

我当上社长之后，首先采取的措施是构筑健康食谱这一新事业及招募新的加盟店。伴随着社会高龄化趋势，我打算在上门配送糖尿病餐、肾脏病餐、人工透析餐这一新的领域，建设连锁加盟店。我还亲自跑去老人中心、日托服务中心等机构，联系以这类菜单为主的订餐业务。实际上，这些业务在父亲生前都遭到他的反对。

2007年，我加入盛和塾，之后导入了分部门核算制度。现在5家公司9个部门的损益都采用了独立核算机制。通过改进，每个店铺实现了在次月7号之前提交损益情况。在导入之前，虽然5家公司都有提交损益报告的机制，但还是需要父亲这种创业者特有的、通过直观经营所形成的直觉。而作为第二代，我更加重视严谨的数字管理。我向干部员工公开所有数字，希望他们了解经营的情况。

我的目的是打造完美的结算表，还有让任何干部以下的员工都能理解数字，提升劳动效率。但是，尽管采取了这些措施，销售额还是直线下降，我觉得问题出在公司的体质上。

在本公司，从销售、送货到收款全部由女子承担。只有经营干部、负责管理的现场经理这一级别的人是男员工。"高度感动胜于高科技"——在这一口号的基础上，我们非常重视女送货员如何和客户互动，并构筑了这方面的培训体系。但是，自己开车拓展销售、送货、收款，这种机制似乎使近期的女性感到负担很重，在景气的时候，我们陷入了人手不足的窘况。

另一点，因为无贷款经营，我内心开始感到十分安全，不知不觉之间经营变得马虎起来。同时，业绩低落的话，股价就会下跌，股价下跌的话，遗产税的负担就会减轻，继承就能变得轻松些——在我心里的确也有这样的想法。

工厂的关闭整合计划

但是，在父亲去世、好不容易完成遗产继承后，情况发生了变化。

伴随着业绩的恶化，我们必须关闭整合直营事务所和工厂。分店的加工工厂兼事务所与熟食工厂不在一个地方，都是租赁的。现在，我正计划关闭分店的工厂部门，从总店的工厂每日把货物送过去。

分店的工厂部门在上一年度（2007年）大约有950万日元的利润，但销售部门严重亏损，分店整体出现了亏损。考虑到公司整体的利益，尽管分店工厂盈利也要关闭，把那边生产的产品转交给总店工厂管理，提升总店工厂的生产效率。而且，由于不用再负担分店工厂的租金，工厂的利润是现在的两倍。

现在，总店工厂大约有1 000万日元利润。分店工厂有950万日元利润。关闭分店工厂，把生产转交给总店工厂后，预计大约能够产出3 800万日元利润。

分店所在地区的人力费用很高，而且土地房屋租金也很高，在这3年期间一直亏损。虽然不需要向银行贷款，但要关闭工厂的话，需要扩建总店工厂，关闭分店工厂产生的费用、购买运货车辆及人员保障等，预计需要1亿日元左右的费用。通过反复交涉，现在总算把支出控制在5 000万日元以内。

总之，我们排除万难，正在树立健康餐这一新事业。我认为，正应该趁着市场不景气研发新产品，上门配送药膳盒饭、有机蔬菜，为老人中心送货上门，对酒店等单位展开营销。我们提出了不少新的方案。同时，全力以赴展开销售。

作为新业务支柱的糖尿病餐、肾脏病餐、人工透析餐等业务，曾因遭到父亲反对而无法开展。现在，这些业务得以开始铺开，同时，新事业的加盟招募也获得了反响，应征者增加，下一财年之后的发展十分令人期待。

三个问题

在这样的状况下，请问塾长以下问题。

第一，在销售减少的过程中，我觉得有必要对事务所、工厂进行关闭整合。与此相关的费用最初预计是1亿日元。现在，虽然压缩到 5 000 万日元以内，但花费这么庞大的费用进行关闭整合正确吗？

第二，关闭工厂必然会出现人员辞职。当然，我可以劝他们转岗到总店的工厂工作，但对于无法转岗的人，我是否可以请他们辞职？在关闭工厂、辞退人员时，应该注意什么？

第三，关于遗产，我父亲生前几乎没做过任何交代。我也没想到他会这么早去世，所以只是思考怎么延续事业，而没有想过怎么继承遗产。因此，对于父亲持有的 85% 及母亲持有的 15% 的企业股份，我根本没有任何的继承对策。而在股份方面，他们似乎想把所有股份转让给我。

关于遗产，有这么一个观点，只要能让股票估值变低，销售减少也没关系。因此，我有意不扩张任何加盟店，而由于加盟店的退出、破产，销售减少了。刚过去的财年还支付了最高限额的死亡抚恤金和辞职补偿金，企业也从创业以来，第一次陷入亏损。

为了应付遗产税，公司拿出了许多现金，对此我总感到心里别扭。我总觉得，应该由个人从银行借钱，或者从公司借钱支付遗产税比较妥当。当然，从税务的角度，这样做完全没有问题，而且利用配偶扣除规则㊀，还能进一步降低税金。

只是，考虑到母亲失去老伴，而且抱病在身，加上她持有

㊀ 日本个人所得税可以减去赡养配偶的费用后再征税。——译者注

的财产几乎都是股份，在下一次继承遗产的时候，我将会面临很大的困难。这也是我让企业负担变重的原因。尽管家人已有共识，但把公司的流动资金用于支付遗产税，而且，在兄弟之间不分配股份，而是由我独自继承股份总额的 67%，这个判断算得上"作为人何谓正确"吗？

◆ **塾长答**

解决提高业绩与继承遗产之间的矛盾。

趁着财务体质良好，应该进行关闭整合

您父亲创立了公司，经营上门配送熟食等业务，并且经营得很出色。而您在父亲创立公司的同一年龄，继承了这家企业。从那之后您经营了 4 年，然后有了刚才的疑问。

2000~2008 年期间，贵公司的销售一直低迷，想方设法好不容易出现盈利，但 2008 年度还是出现了亏损。虽然是因为继承遗产等问题出现的亏损，预计 2009 年度能够再度盈利，但是，从趋势上看，贵公司从 2000 年开始销售一直在减少。因此，您感到有必要对事务所和工厂进行关闭整合，这将会花费 5 000 万日元。花这么大的费用进行关闭整合是否值得，这是您的第一个问题。

我觉得当然是值得的。贵公司的财务体质非常良好，5 000

万日元的费用应该不是什么大问题。当然,因为花费了 5 000 万日元的经费,当年也许会出现亏损,但我觉得还是可以进行关闭整合。

给离职的人充足的补助

第二点,关闭工厂有时还需要辞退人。当然,您会劝他们转到总店工厂工作,但如果转不了岗的话,也可能需要辞退人,所以,您的问题是在关闭工厂、辞退员工时应该注意什么要点。

公司进行关闭整合,人手当然会富余。而且,有些人也可能转不了岗,所以,只能让他们辞职。

只是,考虑到员工一直拼命努力工作,应该给辞退的人相应的待遇。特别是贵公司有充足的内部储备资金,在财务上理应有比较大的转圜空间。有些人会辞职找新工作,为了这些人着想,可以给他们足够的补偿,请他们辞职。

不能为了继承遗产而使业绩变差

第三点是有关遗产继承的问题。

虽然您父亲生前没有留下任何遗嘱,但您可以咨询会计师,以纯资产估值等各种方式估算股票价值。销售减少,利润降低，估算的股票价值必定会变低。您父亲勤奋拼搏，把企业经营得有声有色，但这时，他突然想，等一等！假如企业经营得太好，在孩子继承遗产时岂非付不起遗产税？！您父亲完全可能这样想，我一点也不觉得奇怪。

销售减少、利润降低，股票估值就会变低，遗产税就会变少，继承起来也相对轻松一些。这不仅仅是您的问题，我想，也是许多塾生的问题。在私企经营中，当父亲年纪大了，或自己年纪大了的时候，自然就会出现遗产继承的问题。到时，脑子里自然会涌现这样的想法：只要业绩变差，股票估值就会变低，而税务署也不会有意见。

假如拼命努力，销售不断提升，公司经营良好，利润丰厚，遗产税的金额就会变得十分巨大。就是说，这里面存在矛盾。一边必须把企业经营出色，另一边却因为顾虑遗产的问题，期盼股价变低。我想，您父亲也曾经感到过矛盾吧。

我想，在您接手经营之前，您父亲的心中就充满矛盾，十分纠结。既希望把企业经营好，却又担心如果业绩上升，企业估值变得太高，股价上涨，继承遗产会变得很困难。可以想象，他的这一心理斗争随着业绩的发展而不断高涨。自己内心开始盼望业绩变差。正是这种潜意识，塑造了不断低迷的业绩。

这是非常矛盾的事情。在私企经营当中，遗产继承问题是绕不开的，于是矛盾就出现了。

假如拼命提升业绩，公司价值水涨船高，当然，持有的股票价格就会变高，在继承遗产的时候，就必须缴纳惊人的遗产税，这是没有办法的事情。可以先缴付遗产税，然后花几年时间把钱赚回来。我认为，必须做好缴纳遗产税的心理准备。如果一边抱着矛盾纠结的心态一边经营企业，企业就会出现问题。

接着是您母亲持有的股票。您母亲原本持有15%股份，大概现在持有的股份变得更多了。这样一来，当您母亲去世时，会再次出现遗产税的问题。所以，如果现在业绩太好，在母亲去世的时候，遗产继承或许会变得困难。

在内心充满矛盾的时候，人是没有办法经营好企业的。所以，在这里，还是应该把公司经营做好。

现在，您正在筹划不同于父亲时代的新事业。上门配送药膳盒饭、有机蔬菜，为老人中心上门送餐，针对酒店进行营销、打造新菜单等，您正打算扩大业务规模。而且，这些业务获得了好评，希望加盟的人也多起来。

您说"父亲一直尽量不增加加盟店、生怕企业经营太好"，但您的举措却与父亲的期望是冲突的。我觉得，就算您选择与父亲截然相反的态度，使遗产继承变得困难，也应该把业绩做上去。

继承者继承大多数股份

在关于遗产的问题中,您提到为了缴付遗产税,挪用了企业的大量现金,心中觉得不是很舒服。您认为也许应该以个人身份从银行贷款,或者从公司借现金支付遗产税。

如果您没有现金支付遗产税,当然应该以个人身份从银行贷出现金。虽然您说用公司的现金在税务上没有问题,但我想,那大概是会计师动了脑筋,巧妙地把它做进了企业账务的缘故吧。

但是,正如您内心感到的不自在,您的确应该采用正规的手段处理这个问题。从银行以个人身份贷款支付遗产税,然后用您自己的收入偿还贷款,5年就5年,10年就10年。您也有分红的,而且,把自己的薪水提高一些也没关系。我觉得您应该用这些钱偿还银行贷款,这才是正确的做法。您应该听从良心的呼唤,按照这样做。

今后,还会出现您母亲的遗产继承问题。您应该反省这次的事情,用正规的手段处理。

同时,您还提到在兄弟间不分配股份,而是由您继承67%的股份是否妥当的问题。我觉得是妥当的。您可以分给兄弟们现金,但是如果股份分散的话,之后的经营会出现问题。继承事业的人还是应该继承所有股份。

因为同是兄弟,所以就应该把股份分成小份,公平分配——这看起来似乎很公道，但实际上会妨碍后续经营。兄弟都有配偶，这些配偶还有许多亲戚，这些人或许会逐渐介入经营。有许多企业因此变得摇摇欲坠，在经营上挫折重重，这样的例子并不鲜见。

公司的继承人应当继承企业的大多数股份。或许其他兄弟会不满意，但把与股份对应的现金分给兄弟，这才是正确的方法。

在您的提问中，最关键的是遗产继承的问题。在私营企业中，当近亲继承遗产时，只要公司经营得很好，就要交纳高额遗产税，遗产继承的负担就会变得很重。正是因为这个原因，提升业绩和继承遗产是互相矛盾的。在这个问题上，没有两全其美的解决方法。

因此，干脆全心全意做好企业经营。即便会出现遗产继承的问题，到时由于企业业绩良好，继承人能获得较高的薪水和高额分红，可以花上5年、10年，偿还因为缴付遗产税而借的银行贷款。

提高企业业绩和继承遗产本就是互相矛盾的，在这件事情上，望您务必三思而后行。

重视一线的女员工

我认为，您父亲把企业经营得非常出色。他像盒饭店那样，采取加盟制，在他的栽培下，加盟店产出了巨大的销售，总销售额在上年度达到了 400 亿日元。

然而，2000 年的销售为 59 亿日元，经常利润为 3 亿日元，2008 年销售额就减少到 32 亿日元，利润也降到 1 亿日元以下。而这次因为应对遗产问题，企业出现亏损。不包括加盟店在内的单个企业销售出现剧烈下滑，这是非常危险的信号。请您一定要努力增加销售。

而对于加盟店，你们的政策也与众不同，向每家店铺每个月收取 15 万日元的特许费。这个金额只占加盟店销售的 0.5%。这样低廉的加盟费用必然得到加盟店的认可，您父亲的这一做法对加盟的人们而言帮助非常大。虽然加盟制度的优越使加盟的人增多，但我觉得今后您也必须从这一方面着手改革。

当然，现在不可能突然改变。一个月 15 万日元，一年就是 180 万日元。一家店铺一年贡献 180 万日元，可以先保持这种状况，今后继续扩展加盟店。一家店铺一年的特许费是 180 万日元，从加盟店的销售额看来，特许费只占 0.5%。从加盟者的角度看，加盟条件非常优厚。

您父亲生怕企业开始盈利会带来麻烦，于是刻意不扩展加盟店。但尽管如此，还是有许多人希望加盟，说明这是一个很有吸引力的商业机会。我觉得您应该一边稳扎稳打，一边扩张业务。

还有一点，您说您公司的员工以女性为主。女员工驾驶着车辆，一家一家地送货上门，同时还负责收款。贵公司是一个以女性为主力的企业，从送货到收款都由女性承担。您必须爱惜这些女性。

近期，这些扮演主角的女性反映工作繁重，责任重大。您提到她们因为又要开车送货，又要收款，一切都不得不凭一己之力独自承担，太过辛苦，所以人员在不断减少。然而，对于您的企业而言，这些女员工都是宝贝。在企业中，从事管理工作的人也很重要，但是，原本真正应该珍惜的是这些在前线送货、收款的女员工。您必须重视这些女员工，而且必须不断提高她们的待遇。

您加入盛和塾学习，引进了分部门核算制度。您构建了核算机制，在每月月末结算后，在次月 7 号就能得出各部门的损益数字，非常了不起。如果一揽子糊涂账，情况会变得很糟糕。

您父亲原本把企业经营得很出色，只是去世之前，因为顾虑遗产问题，企业经营才开始变得有些差。而您已经改变想法，打算修正它，请您一定要加油。我想，贵公司一定会成为优秀的企业。

经营问答十三

为创业者不肯充分放权而烦恼

⊙ 问题

父亲是创业者,虽然说过要将经营交给他,实际上却无法放权。在这样的情况下,他询问身为接班人应该怎么做。

□ 塾生问

提问背景

  我们公司是从事建筑行业的,从事的是普通土木工程,而不是特殊工程。企业规模非常小,完工后的销售额在6亿日元上下,经常利润也不足3 000万日元,员工35名,是随处可见的中小企业。公司有45年历史,父亲是实质上的创业者。现在,我正在紧张地学习如何成为一个继承人。

  人们都说今后建筑行业的形势会变得更加残酷,而我们公司的业务几乎100%都是公共工程，而且，公司创业时间比较长，又属于毫无特点的普通土木工程业，而且还是私企——据说这种公司倒闭得最快，而我们公司正是这种企业，因此我非常担忧。

问题一 一切都得听从父亲的吩咐

在4年前，我辞掉工作，进入现在的公司。虽然，在进公司时，我的梦想是尽可能把公司做大做强，但自己内心存在着很大的疑问。

现在，我的职位是专务，父亲也常对我说："你可以按照自己的想法，尽情去做。"但是实际上，每当我想把自己打工时学到的知识运用到企业上，打算开展一些有利于公司的行动时，父亲就会马上跑到现场说，"不能那样做。应该用这个方法"。结果，还是沿用了旧的做法，没有任何改变。虽然父亲说过把一切都交给我，但实际上却不肯放手，使我陷入了进退维谷的境地。

我想，任何公司都有类似的烦恼，但是，今后行业的市场环境将越发严峻，在这样的形势下，社长的老一套真的行得通吗？我非常烦恼。

最近，我还和父亲发生了口角。我想，我们之间发生争吵的一个重要原因是我出身管理，而父亲则出身现场。父亲说："你对现场一无所知，在管理上没有资格说三道四，到现场去锻炼锻炼！"既然父亲说到这个份上，我觉得再说什么也是白费口舌，于是，大约在两三周之前，把自己当作一个作业员，开始在现场工作。

在这里，我的第一个问题是，既然父亲把工作交托给我，最后却要我对他言听计从。我是社长的儿子，是公司的继承人，站在我的立场，父亲虽然把事业交给我，却无法放权，我应该怎么办？

问题二　现场管理是靠数字还是靠员工的干劲

现在，公司运营很重视数字化管理，引进了数字化管理体系。企业规模虽然很小，但在 ISO 街知巷闻之前就有目的地采取行动，很早就取得了 ISO9000 认证。虽然，在旁人看来，我们企业似乎走在前面，但实际上只是先走了个形式，并没有实质上的内容。

而且，我觉得员工工作的表情和行动都无精打采的。的确，设立数字目标并追逐它或许很重要，但我感觉，如果员工士气不高，再怎么强调目标，最终也不会成功。

身为社长的父亲经常引用稻盛塾长的"马拉松经营"。"你们不能从一开始就认为自己不行"，父亲经常把这句话挂在嘴边。比如在制定现场执行预算的时候，假如现场督导累计的执行预算是负数，达不到目标利润的话，父亲就必定会说，"只要你觉得做得到，就一定做得到。想的办法还是不够。"

"稻盛先生的企业为什么能做到那么大的规模？那是因为其他人看来做不到的事情，他们公司的人都相信能做到，所以企业才能做到那个地步。相比之下，你们太糟糕了。"父亲这么说道。的确，身为经营者，也许有这种想法是对的，但我觉得，在现实工作中，这样要求普通员工合适吗？

不过，这只是针对我们公司而言，正所谓各家公司的员工水平不同。我认为，对于我们这样的小公司而言，优先提升员工的干劲更加重要。

接着是第二个问题。以数字管理现场的做法，和激发员工、重视现场氛围的做法，哪个比较恰当？

很抱歉，我的提问或许很无聊，请塾长多多关照，给予指导。

◆ 塾长答

认同父亲的第二任领导者将得到成长。

第二代要承受的"矛盾"

刚才您非常谦虚，说自己的问题或许很无聊，然而，这是第二代经营者共同存在的问题。

但凡经营者，一旦打算让儿子接班，站在父亲的立场上，无不希望儿子能像自己一样思考问题。然而，儿子作为未来的接班人，自己也有自己的想法。我觉得，您赤裸裸地道出了诸位中小企业经营者最大的烦恼。

您父亲创立建筑公司已有 45 年。在他的苦心经营下，公司成为销售额 6 亿日元、经常利润率 5% 的企业。然后，他把大学毕业后当上打工族的儿子叫回家里说，"你来接我的班吧"。于是，让自己儿子当上专务，就这样过了 4 年。然而，儿子完全和父亲合不来，一味批评父亲。比起儿子，大概父亲的烦恼有过之而无不及吧。

先回答您的第一个问题。父亲说"都交给你了。你可以按照自己的想法去做"。他的意思是"你是个大学毕业生，应该比我聪明。按照自己的想法去做吧，就算你的管理出现若干问题，只要及时纠正就没有问题，尽管放手干吧"。可是，正当您卷起袖子，打算放手大干的时候，您父亲却横加干涉，把过去的做法强加于您，使您施展不开手脚。所以，您感到很奇怪，"既然都交给我了，就干脆利落地放手好了，为什么一边说交给我，一边却不肯放手？这不是胡闹吗"，我想，这就是您的疑问。

这个问题对您本人而言是非常严肃的问题，第二代通常都会遇到这样的问题。并非只有您，所有的第二代都如此。所以，第二代经营者必须迈过这个坎儿。

在您本人看来，父亲既然说了把经营都交给自己，却为何紧抓不放。然而，从您父亲看来，您太不靠谱，他实在看不下去。所以，才会横加干涉。

这是很矛盾的。在父亲看来，现在已经不是自己出场的时候了。企业经营必须更新换代，不断现代化，管理方法也在不断变化。自己虽然打算拼命学习，但时代已经属于孩子。正因为这样想，父亲才会说"都交给你"。但是，他心中却担心得不得了。在实在看不下去的时候，便忍不住出言干涉。

这的确很矛盾。正因为矛盾，所以做儿子的往往会说，"老爸，您这样不是很矛盾吗？还是明确一下吧，交给我的话就放手让我管。如果不想交给我，就直说好了"，可是，说这样的话没有意义。第二代就必须接受这种矛盾。

问题是怎么解决这个矛盾。因此，第二代必须比父亲更加有远见卓识。光有远见卓识还不够，还必须有成熟的人格。

不光您父亲这样，所有做经营者的父亲都一样。现在已经十分优秀的塾生，都曾经吃过类似的苦头。可是，却没有一个人因为和父亲争吵而诀别。大家都是一边哄着父亲，一边想尽办法化解矛盾。

您可以把自己放在父亲的位置想想看。您在外打工，才回来4年时间。虽然对土木工程一窍不通，却冠上了专务的名号。而父亲在现场浸淫了45年时间，在他看来，这一点就已经足以令人担心得不得了。难怪他会忍不住插嘴。您有必要先从这个角度思考。您必须要变得更有智慧。

首先，您看不起父亲，这是不对的。您父亲比您了不起得多。所以，您必须认可父亲，每当父亲插手干涉，指出您做得不够的地方时，您必须如获至宝地虚心接受。

如果不想对矛盾置之不理，而是解决它的话，首先必须肯定您父亲的能耐，并且重视它。没有一个人会说一句"交给你"，就对事业甩手不管。

在您父亲看来，不能放任不管的原因是他感到十分不放心。他的想法是既然儿子都是要接班的，那么干脆尽早交给他吧。但是，实际上把工作交给儿子后，却感到靠不住，于是变得担心起来。我想，您父亲也和您一样，内心感到非常矛盾。所以，在这种时候，您不应该要求父亲改变，而应该变得有智慧，接受您的父亲。

被依靠的感觉激发员工的干劲

您父亲虽然在现场浸淫多年，但也在学习现代化的企业经营管理方法，并把它引进企业。比如，他把现场施工体系化，从成本管理开始，在各个方面做了种种尝试。就是说，他引进了类似预算制度的机制。单从您父亲采取绵密细致的管理手法，而不是算笼统账这一点看来，他就很了不起。

您不满的是您父亲使用数字管理方法，用数字衡量一切，用数字进行决策。当员工觉得不可能完成这么荒唐的数字，流露出怀疑的神色时，您父亲又引用我说的"马拉松经营"，说"就是因为你们认定自己做不到，所以才做不到，不信的话看看稻盛先生"。您觉得,这样自上而下把数字强加于人的做法太过落伍了。

证明这一点的是员工干劲低落,说"不管社长怎么说,也不可能做得到"。于是,您对父亲提出意见说"激发员工的干劲才是正确的管理方法"。

这个问题触及了根本。其实,这两种方法都很必要。您父亲的做法很正确,您向父亲提议的做法也没错。假如说,说了放手又不能放手是一个矛盾,这个问题又是一个矛盾。

我过去曾经说过,三十几名员工的企业,在企业运营上,往往具有比较强的自主意识,大家容易把企业的工作当作自己的事情、把企业当作自己的公司、把企业经营看作自己的经营。如果社长只打算指手画脚,指挥别人做这做那,而并不打算从自身做起,率先垂范,公司不可能经营得好的。不能只靠社长一个人拽着大家,而是靠所有人与社长同心同德,共同进退。从创业的时候开始,我就这么认为。

那么,在激发员工干劲方面,什么是最关键的呢?就是员工是否从社长专务之类的经营者身上,感到被依靠、被信任、被期待。如果没有交流,只是单方面地下命令,只会令员工感到越发厌烦。

比如,你们接到一个政府的侧沟工程。您父亲经验丰富,自然清楚大概的数字。但他对这些数字绝口不提,而是把负责人召集起来,让员工出谋划策,"这次我们接到了修建300米侧沟的工程。大家现在做一做这个工程的计划，做一下工程预算。大家都要动脑筋思考"。当然，他也会在大家提出的方案上加上自己的意见和想法。这样员工的干劲必然大不相同。所以，需要让员工从立案策划的阶段开始就参与进来。

社长依靠我，对我有期望。他依靠我的实力。让员工这样想非常重要。

"我们从市里接到了修建几百米侧沟的工程。因为招标竞争非常激烈，所以我们的接单价格十分低。如果按照普通做法，必定入不敷出。所以，不管在水泥还是陶管的使用上，都必须精打细算"，在一开头要这么说。假如您父亲想用"马拉松经营"的故事，来实现脑中的一个低得荒唐的价格，您也要隐瞒这个数字，询问大家应该怎么办。

但是事实上，员工拿出来的方案，不管是水泥成本、人力费还是挖掘机的租金，价格都比经营者想象的高。所以，一合并数字，发现亏损严重。这时，您再说"亏损这么多没有意义，大家再想一想更加节省成本的方法"，让大家一步步靠近您父亲想象的数字。这样一来，这些数字不是您父亲命令下来的，而是完全由员工自己制订出来的。

员工拿出来的方案，往往是对于他们而言，便于操作的。而且，因为成本意识薄弱，他们想出来的办法必定不符合预算目标。因此，要告诉他们，"这样做会亏损的，行不通。重新修改。这个也要修改"，让他们反复斟酌提炼。在这个过程中，员工会越改越顺。但是，即使如此，假如连一点利润也没有的话，事情就变得毫无意义了。所以，还要步步紧逼，"要想办法尽可能做出利润。挖掘机也要找租金更便宜的地方。再找找看，哪里有更便宜的生水泥"。就这样，您把父亲心目中的数字一步步落实到位，并让所有员工都感到，这是自己策划的方案。这就是您想采用的自下而上的手段，也是能激发大家积极性的做法。

用强大的领导力激起员工的勇气

但是，即使预算方案是由大家促膝商讨、反复多次磋商而成，一到实际操作的时候，还是无法执行。这时，就需要采用您父亲的手法，对员工说，"你们在说什么！大家一起反复思考的方案，不可能做不到。假如做不到，那就是你们的问题。"

如果一开始就用您父亲的做法，单方面把数字强加给员工，员工自然感到兴致低落。因此，要让大家参与制订计划，直到达到心目中的数字。然而，实际执行计划的时候，却不可能一帆风顺。从这一刻开始，就要采用您父亲的做法。"这不是你们制订出来的计划吗？！可是你们却做不好，还满嘴借口，这不是胡闹吗？！"这时，需要采取这种强硬的做法。

自下而上看似民主，可是，单靠它绝对不可能做好事情。然而，如果像暴君一样自上而下地强加于人，就会像您说的一样，公司内部会变得士气低落。换言之，员工参与制订的计划，必须在强大的领导力的基础上落地执行。

　　员工参与策划，吭哧吭哧地制定方案，到这一步为止都干得不错，可是，要把计划付诸实施，必须具有强大的意志和勇气。因为，就算是谈判生水泥的价格，也绝不可能轻易谈得下来。这时，员工会想"价格减不下来。还是按照过去的价格购买吧"，一个预定的条件完不成，所有计划就会付之东流。这时，就需要像您父亲这样，用强大的领导力训斥"胡说什么！"

　　我一直采用这种方法。人是意志薄弱的动物，在实际操作中，往往坚持不下去。必须有极大的勇气和坚强的意志，否则不可能有成果。员工往往不一会儿就累得气喘吁吁，轻易就要放弃，说什么"还是做不到……"我对此总是大发雷霆。

　　因为这是所有人从一开始参与策划、共同思考的结果，所以，就算我生气发火，他们也不可能沮丧。因为他们自己以前说过，"这样做没问题，行得通"，只要我一发火，他们就会感觉，还是不得不坚持那样做。明知如此，他们还是会感到很辛苦，逐渐放弃努力。在我年轻的时候，每当遇到这种情况，就会这样说。

　　"像你们这种毫无勇气、意志薄弱的家伙根本靠不住。明明自己说做得到，结果碰了一下壁就马上放弃，逃跑回来。打个比方，在谈判价格的时候，对方就好比是敌人。一受到敌人攻击，你们就马上夹起尾巴逃回来。这种人怎么可能成事。既然这样，我就从后面用机关枪扫射你们。像你们这种家伙，不用再回来了。"

但是，如果像局外人一样，假惺惺地、不痛不痒地说这种话，企业就会逐渐分崩离析。我过去通过酒话会之类的活动，跟员工建立起了一体感，所以即使把话说到这个地步，关系也不会破裂。相反，这些话很有感染力。

"在和对手的战争中，你们被对方追得拼命逃跑，既然如此，我在这里用枪射你们。你们是想被我活活打死吗？假如有这样的勇气，干脆去跟对方拼个你死我活。"

必须用这种表现激发员工的勇气，否则，无论多么细小的事情，都不可能完成。只靠脑子空想是做不成事情的。这种时候，正需要下定决心，去做别人做不成的事情。假如事情很简单，别人早就去做了；然而，正因为别人做不到，而自己要做，所以才需要莫大的勇气。您父亲虽然被批评太过强势，但做事需要这种魄力。而您身为第二代，必须学会这种魄力。

您不需要完全模仿您的父亲，而是尽可能地弥补您父亲的缺陷。您提出这样的问题，证明您在为经营苦恼，在认真地开动脑筋思考经营。请您一定要成长起来。虽然诸位塾生听了您的话都在笑，但其实大家都有跟您一样的想法，都感同身受。

说要授权却无法放权，这的确矛盾。但是，不要对这些充满矛盾的问题置若罔闻，而是解决它，只要能做到这一点，您的企业就能变得更大更强。

经营问答十四

关于经营家族企业的方法及公司分化

⊙ 问题

寻求在家族企业中让董事之间相处融洽的建议,并询问是否应该把分化公司作为解决这一问题的方案,以及分化公司的条件。

□ 塾生问

提问背景

本公司是一家生产销售和式点心的企业,迄今已经营近百年。祖父创立了公司,父亲在26岁时把企业法人化,并继任社长。现在,他77岁了,仍然担负着企业经营的责任。

公司是家族企业,我是长子,担任专务。二弟及同为盛和塾塾生的三弟一起担任常务,共同参与经营。我们和一位家族外的常务一起,一共有6位董事。正式员工有438名,临时工、兼职人员有124名。

数年前，本公司以事业部制为基础，在组织架构上分为渠道事业部、品牌店事业部、观光事业部和总部4个部门。渠道事业部面向全日本点心批发商及便利店等，从事点心的生产批发，大约占销售额的60%。品牌店事业部面向当地及百货店卖场，大约覆盖了销售额的30%多。观光事业部面向路边餐馆。而总部则定位为成本中心。渠道事业部由三弟和家族外的常务负责，品牌店事业部和总部由二弟负责，我作为社长的副手，负责看管全局。

在这样的情形下，本公司最大的问题是家族成员之间缺乏沟通与默契，所决定的方针不能很好地发挥作用。下面我详细解释一下。

公司熬过了战后的混乱时期，并得到了发展，这全是父亲的功劳。但是，岁月不饶人，父亲在经营上逐渐感到力不从心，开始焦躁起来。大概是这个缘故，企业逐渐倾向于追逐眼前利益，思维方式也时不时背离基于创业者理念制定的社训。再加上，弟弟们也有各自的想法和主张，我们在会议上几乎无法达成共识。大家各有各的结论，结果为了妥协而变得不温不火，或缺乏整合，往往白白浪费了许多时间和精力。

我支持第一代经营者"以产品服务社会"的思想。我认为这一思想与塾长的思想非常相近，主张按照这一思路经营企业，但是，却每每与其他人发生冲突。每当我们家族成员之间发生争执的时候，家族外的董事就会看我们的脸色行事。而我自己也因为公司内部接二连三上演小三国这一现状，一直在自问自答，问自己是否应该继续这样下去。

家族成员之间的意见分歧主要有以下几点。

第一，关于社训，父亲、二弟和我的理解格格不入。父亲只在表面上重视社训，二弟则随意按照自己的喜好理解社训，而我才是真心想落实社训的人。

第二，关于投资，父亲、二弟的思想与我的有代沟。父亲和二弟满脑子战术，为实现当前目标，不惜全力投入；而我则打算为了未来着想，分清轻重缓急，对企业进行投资。

第三，关于恢复业绩的方法，父亲、二弟和我的观点格格不入。父亲和二弟只顾改善当前效益，不断拖延必要的投资。相反地，我却认为即使本年度有亏损的风险，也要响应需求，进行必要的前期投资，把改善未来的企业体质、增强实力放在优先的位置上。

我想，三弟的想法大概与我相近。

个人采取的措施

为了解决以上问题，我个人有志于将本公司及集团建设成为优秀企业，并希望大家重视亲人之间的和谐。为此，第一，追求创业者树立的理念；第二，旗帜鲜明地描绘我对企业的愿景，努力争取家族内及非家族成员的共鸣；第三，提高他人对自己的信任，在公司内部掌握主动权，实现内部改革。

在这个基础上，视情况考虑分化公司。但是，我担心假如操作得不好，把公司建设成优秀企业和家庭成员和谐这两者将背道而驰。请塾长就此事给我一些意见和建议，我将不胜感激。

而且，当下的方针是恢复效益和增强企业实力，但在未来，我正在考虑把公司完全分化，让各个事业部独立，各自成立公司，我负责其他部门和总公司整体的协调，由二弟负责品牌店事业部，三弟负责渠道事业部。

我认为，分化公司有如下四个意义。

第一，由于行业特点不同，渠道事业部的制造批发和品牌店事业部的生产零售没有必要一定要放在一起。第二，能够针对市场个性化，发挥各自的专业性。第三，能比事业部制带来更强的责任感。第四，这也是最重要的一点，家族成员之间责任清晰，分工明确，能避免对立冲突，而且也能提升家族外成员的干劲。

我想请塾长赐教，我们是否应该把公司分开，假如分开，需要什么条件？请塾长多多关照。

◆ 塾长答

首要的是以宽容之心、接纳之心实现家族内的和谐。

首先要以"宽容之心"团结起来，优先恢复业绩

我觉得这是一个非常难的问题。

一开头您有一句话令我很在意，那就是"呈现出一派小三国的景象"。虽然您父亲年事已高，还在担任社长，您兄弟三人也在从事经营，但却因为各自意见不合，导致公司内部决策效率低下。而且，父子兄弟之间的意见不一也常被员工看在眼里，导致公司内部不团结。这必然让您感到担心。

贵公司由您祖父创立以来，已有近百年历史。现在包括正式员工和临时工在内，已达到合计超过 500 名员工的规模。在和式点心企业里，贵公司的规模大概也称得上第一了。在这么优秀的和式点心制造批发零售企业当中，父子兄弟之间却出现意见不合。听了您刚才的描述，及读了您提交的提问资料，我感到无比痛心。

我先说结论，就是"不要再互相争吵"。还有，"也不要把公司分开"。这并不是让您妥协了事，而是希望您想方设法实现家族成员之间的和谐。

刚才，您谈到与其他家人的思想分歧，在经营态度上，您写道，"我带头认真执行祖父制定的社训，也就是企业理念"。虽然，我只偶尔在盛和塾碰到过您，但觉得您的确是个非常认真的人。所以，您带头执行祖父制定的社训，认真地实施理念。但是，您认为，父亲只看表面，并不把理念贯彻始终，而

是只在有利于自己的情况下才利用社训，并不打算真心遵守祖父所说的理念。同时，二弟也随心所欲地按照自己的想法诠释理念。

您祖父从很早以前，就提出一些说法，而他的话与我在盛和塾所讲的非常相似。您个人也觉得"这些话很正确，必须那么做"。加入盛和塾后，您的这种想法变得更加坚定。因此，您对父亲有一种逆反思想。我希望您不要再这样做。

接着，在"投资的想法和恢复业绩的手段"方面，您这样写道：父亲在投资上只重战术，只投资当下能挣钱的项目。在恢复业绩的手段方面，父亲也优先恢复当前效益。但另一边，您却放眼未来，把事情按照轻重缓急进行排序。在恢复业绩方面，即便当前结算亏损，也要改善企业未来的体质，优先增强实力。就是说，您认为就算现在有些许亏损也没关系，应该从长远的角度考虑企业的未来，进行战略部署。但是，为这种事情争执不下，本来就会导致企业衰落。

首先，我想告诉您的是您在盛和塾一直学习的东西。

那就是"作为人何谓正确。发展事业必须贯彻正确的为人之道。经营事业不只是赚钱就行，而是'君子爱财，取之有道'。追求利润要讲究方法，而不是为了赚钱不择手段"。

再换一种说法，我们经营事业，要像中国古代典籍中所说的一样，必须遵从天道。"做商人只要能赚钱就行，不用管什么手段"，有些人这么说。但这全是胡说八道。就算有利可图，也不能做出有悖为人之道的事情。逐利也要讲究方法，这才是真正的企业家应走的康庄大道。"虽然我们是中小企业，却选择这种活法"，我常常强调这一点，我想，大概您祖父也说过类似的话。您是一个特别较真、特别单纯的人，所以对此很执着。在这期间，您父亲只顾攫取眼前利益的行为，或许使您产生了疑问，然而，事实并不是这样的。

我对诸位常说"要付出不亚于任何人的努力"。还有，我平时常说，"无法产出销售额10%的利润，谈不上经营事业。在经营中，如果只有几个百分点的利润，那就是胡闹。同是经营事业，你们一定要有10%的利润。"您应该知道，自从创建京瓷以来，我一次也没有亏损过。

所以，您父亲和二弟以恢复眼前效益为先，这绝非什么不合理的、卑劣的行为。这是为了奠定基础，站稳脚跟。假如公司当下正在亏损，那么，设法扭亏为盈是很关键的。"就算当下亏损，也应该为未来打算"，您这种论调大概会让您父亲感到担心。我想，他非常信任您这个长子，但是，他也许会担心起来："你说出这种不痛不痒的话，真是糟糕。虽然我不知道什么盛和塾，但你去拜莫名其妙的老头子为师，照搬那个老头子的观点，竟然说什么公司亏损也不要紧，那可不行。"

我没有说过这种话。贵公司现在有500名员工，正是一刻也不能大意的紧张关头。假如现在业绩不好，就有必要全力以赴，恢复业绩。

所以，尽管您父亲只做表面工夫，对理念没有贯彻始终，您也应该包容他。这种包容并没有那么难。"包容心"很重要。我给诸位讲过利己和利他的故事，包容实际上是利他的起点。假如事事都要跟对方辨个是非曲直，非要挑对方的错，用这种心态去看对方，对方必然一无是处。我们在这个宇宙并不是孤立存在的，而是凭借人际关系等，存在于彼此的世界之中。

所谓彼此，就是指因为看的人心态不同，看到的对象亦不相同。也许诸位没有感觉，但人的立场不同，所见的世相也不一样，甚至到令人恐怖的程度。即使像修罗场一样的悲惨环境，也会因所见之人的心灵之窗而发生变化。

因此，您与父亲的对立到今天为止，从明天开始，您要告诉自己，"过去我一直批评父亲的活法，这是错误的。我要反省。"您对父亲的所作所为不以为然，认为他违反了祖上的社训，莫名其妙。而且，您还不喜欢跟父亲同声同气的弟弟。您应该对自己说，"守护亲人也很重要。过去的我过于理想化，现在已经在反省"，原谅您的父亲和弟弟。这样做并不意味着认输妥协，而是认同、接受您父亲和弟弟的活法。然后，您再说"在顾好眼前的基础上，还可以为未来做一做打算"。即便是我，也不会采取不顾现在，只顾将来的做法。如果我是您的父亲，我也会抱怨："莫名其妙！你在胡说什么。连现在都做不好，还谈什么好的将来？"

您是一个纯粹的理想主义者。我也很喜欢有理想主义气质的人，而且觉得人也应该有些理想。然而，尽管如此，不能只用理想主义看待对方，而要看到对方的长处，肯定对方好的地方，包容对方。这就是我的结论。

千万不要把企业搞成"小三国"。不能有这种愚蠢的想法。回顾历史，几乎所有的国家灭亡都是因为祸起萧墙，而不是被外敌所灭。所以，您身为长子，一定要负起责任，不要让家庭成员发生争执。要做到这一点，极需要"宽恕"这种包容力及宽容的精神。

不要分化公司，而是细分组织，对企业进行重组

您祖父那一辈通过生产销售和式点心，把企业规模变得很大，所以，在您公司里有许多制作和式点心的工匠。和式点心这个行业必须依靠手工制作，所以企业人员众多，但相对而言，却没有太多附加价值。

正如您二弟的品牌店事业部、三弟的渠道事业部一样，贵公司似乎无论如何都要在家族成员之间划分组织架构，其实并非如此。品牌事业部中也有制造部和销售部，渠道部也可以再细分，应该把组织再度细分，直至能够看清每个单元的收支核算。您应该花费一年时间，全身心地投入，重整事业，把组织分得更加细致，使各个部门全部扭亏为盈。

您自己作为专务不能只待在总部，而应该跟二弟、三弟一

起，在品牌店事业部、渠道事业部及其下属众多部门的现场辛勤劳动。我希望您通过这样，重振企业。

在这样辛勤工作的过程中，追求您祖父提倡的理念。您说要"旗帜鲜明地提出我的愿景，努力争取家族内及家族之外成员的共鸣"，但是，需要旗帜鲜明地提出来的不是您的愿景。我觉得您父亲和二弟的做法并没有错，您作为长子，应该赞成他们，您应该说"各位，按照父亲所说的方向做吧"，把大家团结起来，而不是用"有头无尾、不讲道理"的眼光看他们。从明天开始，你们应该兄弟同心，朝着父亲指示的方向一起努力。

您和父亲的理想有所差异。但是，强化您父亲的指挥，并使它发挥出色的作用，这是您作为长子的职责。总盯着您和父亲之间的矛盾，提倡自己的愿景，这不过是赤裸裸的分裂。像这样父子反目、兄弟成仇是最不应该的。从现在开始，您一定要改变自己的思考方式。

最后您说到希望推动"公司分化"，这样做必然会造成分裂。这么说也许对您有些失敬，但老实说，这听起来像是因为您与他人意见不合，所以希望划清界限，最好大家各管各的公司。虽然我觉得您并不是这样想的。贵公司好不容易走到今天，把公司分开绝不是什么好事。

问题是怎么联合品牌店事业部和渠道事业部，一起增强实力。绝对不能因为各自机能不同，就要分开，各自成立公司。

这是个相对的世界，自己改变了，对方也会改变

刚才，我边听您讲话边想，如果只看坏处，没有人不是坏人。只要包容对方的缺点，看到对方的长处，肯定对方好的地方，事情就会完全不同。

比如我自己的例子。在创建第二电电和京瓷时，在工作中，我和大家进行各种各样的讨论。因为是企业，我们也有同行，竞争非常激烈。管理层的干部不愿意在竞争中失败，琢磨了各种办法，研究出许多战略战术。然后，他们向我汇报，"敌人从这里过来，我们想这样做，但是有一个问题非常困难，情况十分险恶。对方也在绞尽脑汁，研究各种策略，情况十分不妙"，他们经常这么对我说。

这是因为，虽然自己拼命努力，苦思冥想，为了把公司做好一点，但对方总是看起来有更高明的招数。所以，大家不愿败下阵来，殚精竭虑地找寻对方的破绽。也就是，虽然这边道高一尺，但对方似乎魔高一丈。事实上的确如此。这样的局面让人感到十分吃力。

正好有一块巨大的岩石挡在面前，打破它会非常吃力，于是人们说，"有切石机就好了，这样就可以在岩石上打个洞，然后塞上炸药，把它炸碎。不这样做肯定过不去"。实际上并不是这样的。我听了这些话，这样说道。

"你们用这样的目光看它，自然过不去。因为，在你们的

眼中,有一块巨大的岩石堵在面前,而这块岩石只能靠炸药炸碎。但是,不要在这上面钻牛角尖。从这边绕一绕不也能过去吗?条条大路通罗马,你们却非得把这块石头炸得粉碎,才能通过。你们在干什么啊!走田间的小道,绕到这边来,不也能通过吗?这块岩石只堵在这里,只要绕一绕路,就什么问题都没有了。"

这些事情,我时常看得十分清楚。每当我说"不要走那边,走这边",大家会问"为什么",于是我向他们解释理由。"啊,原来如此。"他们这才恍然大悟,接受我的想法。

为什么会有这种差别呢?因为对事物的看法不同,也就是视角不同。世界上真的有坏人,但也有好人。如果用善的眼光去看,所有人都是善人,同行、竞争公司都不是坏人,但是,如果用敌对的眼光去看,善良的人也会被看作坏人。我们被坏人包围了,所以无论如何也要这么做,结果把情况弄得更糟。就是说,人看待事物的心灵之窗不同,他面前所呈现的世界也将发生变化。

就好像相对论所讲的一样,这个世界的一切都是相对的。不可能只有自己绝对正确。是因为自己先入为主,所以才会呈现出眼前的景象。世界随着人的心境发生变化。当世间人人都遭遇挫折的时候,人们常说"为什么只有那个人的事业发展得那么顺利"。如果绝对相同,是不可能出现这种情况的。所以,这是个相对的世界,即使在逆境之中,也有顺境存在。

因此，像刚才一样，如果只看坏处，您父亲和弟弟都不可能做好经营，但不能这样。您一定要包容他们，向他们道歉"是我错了"。即使不当面对父亲表示歉意，在心中也要承认自己的错误。假如您从明天开始这样对待父亲，大概不出一个星期，您父亲的想法就会发生180度大改变。只要您的心境转变了，您父亲的心境和想法就会发生大变化，你们之间的气氛、情绪都会变好。我希望贵公司早日改变，不要再出现什么"小三国"。

还有，不能搞分化。从您祖父那一辈开始，企业好不容易走到今天的地步。战后，您也担任专务，和父亲一起经营，把公司做成了出色的和式点心企业，现在正是应该大家齐心合力向前走的时候。和式点心这个行业以手工作业为主、无法批量生产。今后，怎么把这个事业合理化，怎么提升效益，这才是首先需要解决的问题。您应该向这个方向迈进。

经营问答十五

兄弟经营的企业如何继承事业

⊙ **问题**

公司社长（长子）想更改弟弟们持有的股份，而且还认为年纪最小的弟弟最适合出任下一任社长，打算让他做接班人，于是询问关于继承事业的方法。

□ **塾生问**

提问背景

　　我的问题是"关于继承事业"。我们兄弟四人创立了企业，一直经营至今。我想请问塾长，采取怎样的判断基准，才能顺利继承交接而不产生纷争？

　　本公司从祖父穿街走巷卖鱼起家。父亲那一辈在当地租了一家4坪㊀的店铺开始从事买卖。他49岁时病倒，之后的17

㊀　相当于12平方米。——译者注

年一直卧床，直至病逝。对做生意很感兴趣的二弟（现在的专务）主动提出接手家里的生意，从那之后，鱼店就由母亲和他一起经营。虽然，当时一天的销售额只有寥寥2万日元，可是由于店铺的地点靠近早市，所以在石油危机之后，生意顺利发展起来。

然而，母亲缺乏财务及税务知识，她把为数不多的营业额中的一部分当作零花钱存下来。这些零花钱在税务调查中被视作偷税漏税，几乎被全部没收。经过这件事，1973年我们成立了有限公司，变为法人组织。之后，店铺生意蒸蒸日上，三弟、四弟被母亲的勤奋打动，大学毕业后开始在家里帮忙。

我身为长子，于1986年出任社长，之后积极扩张店铺。结果，根据1998年8月的财年统计，本公司成长为拥有22家店铺、年销售额达43.2亿日元的规模。

我简单介绍一下就任社长之前的经历。1966年，我大学毕业之后，一边帮母亲工作，一边在外面上班。清晨，我们母子一起赶去市场，白天我到公司去上班，晚上帮忙做一些财务审计的工作。在打工时期，我逐渐晋升为年轻的管理人员，同时还在当地的足球协会担任常务理事，从事事务局的工作，每天过得充实无比。

1986年，母亲病倒，她对我说："如果你能继承公司的话，我就没有什么好担心的了。"当时，我自己也因为兄弟们都在拼命帮母亲工作，就我一个人做上班族，过着四平八稳的生活,而感到过意不去。大体因为如此,在母亲去世时,我辞掉从事了20年的白领工作,继承了家业,当上了社长。由于之前我一直在帮母亲看管财务,所以交接顺利,没出什么问题。

当上社长之后,我向兄弟们讲述梦想,"10年后实现50亿日元销售额,从家庭作坊蜕变为企业","通过经营鱼店,成为对社会有用的企业"。当时一般鱼店的平均年销售额不过在3 000万日元左右,我的这个目标可谓非常宏大,可是,包括零售店和其他公司的批发代理在内,我们设法实现了这个目标。

而且,当时弟弟们也提出,"如果我们兄弟几个都在店里,那就成了普通的鱼店,希望社长能从另一个角度照看鱼店"。就是说,他们要求我不要走进厨房,而是考虑怎么扩张店铺、构建渠道。因此,我虽然是一个鱼店的社长,却从没有杀过鱼,现在也不懂怎么杀鱼。但是,我一直在努力培养人,替代我从事这些工作。

我们兄弟之间的关系非常和睦,然而,我在思考,为了企业的未来,为了兄弟们和他们的子孙,必须做好新旧交接,给每个兄弟一个位置。这个话题还没有在兄弟之间讨论过,我正在苦恼,应该以什么判断基准来考虑事业的继承问题。

我个人关于事业继承的思考

我个人希望基于各人的资质做出如下安排。我说明一下每个人的性格和交接班后他们各自的职位。

首先是二弟。他现在是专务，但他有段时间曾经病倒过，体力上不能太过勉强，同时，在性格方面也谈不上有行动力。而且，他有点匠人气质，对数字不上心，不太适合做经营者。在技术方面，他是兄弟中最优秀的，我想让他留在公司担任技术指导顾问，从金钱上回报他。

三弟从事的是常务的工作，不过，我觉得他很细心，很适合担任批发代理的社长。因为批发代理业佣金很少，从事这个行业需要心细如发的性格。

四弟也在从事常务工作，但他是我的臂膀。他有规划能力，并已经成长为值得员工依靠的人。销售拓展也以他为中心。他对采购要求严格，在行业中也是一个不可小觑的人物。我觉得，富有行动力的四弟是领导现在的公司的最佳人选。换言之，我想让比我小13岁的四弟成为核心，经营现在的公司。

而且，各兄弟所持的股份如下。我们做梦也没想到公司会有现在的规模，所以只是把股份做了一个大概的划分。现在的情况是，在父亲去世的时候，我们以均分的形式把股份划分了一下。持有比例是我占45%，二弟占20.6%，三弟占18.4%，四弟占16%。

我正在考虑，我和四弟必须接受增资，提升自己持有的股份份额。我要持有50%以上，而四弟也要比二弟、三弟持更多的股份才行。视情形甚至兄弟间协商一下，从二弟、三弟手里收购股份也可以。

同时，批发代理的股份我占 85%，剩下的 15% 由兄弟们和其他人持有。批发代理的社长也由其他人担任。但是，我很苦恼，不知道像这样基于各人的资质决定他们的职位是否妥当，还有没有其他对企业对兄弟更好的办法。公司的事业需要交给下一代，应该把什么作为判断基准呢？我的公司里没有一个亲戚或兄弟们的孩子，只有我们兄弟四个。在这样的情况下，我应该怎么做？请塾长指点，多多关照。

◆ **塾长答**

更改持股比例将带来无谓的猜疑，与其长远考虑，不如在经营中好好发挥兄弟之间的和睦关系。

不应该改变持股比例

您提了一个非常难的问题。先说结论，我不太同意您现在的想法。

您说你们兄弟之间关系非常和睦。您父亲经营鱼店，当他卧病在床的时候，是二弟和您母亲一起努力把鱼店维持下去。这是一切的起源。之后，三弟、四弟大学毕业，进入公司。这是因为在二弟和母亲的努力下，鱼店规模变大，所以三弟四弟也打算在店里工作。这期间，您成为打工族，晚上帮家里的鱼店看管会计、财务的工作。

我认为您的兄弟们很了不起。您连续做了20年打工族,晚上看管鱼店的财务,做了许多工作。然后,您母亲临终时,对身为长男的您说:"如果你能继承家业,我就没什么可担心的了。"于是您继承了家业。其实,像您这样连鱼都没有杀过的兄长担任社长,您的弟弟原本应该感到不满:"就算寒冬九月,我们也要在寒风凛冽的店铺里满手血污,辛苦劳作。而哥哥本来在外面上班,一直过得轻松自在,现在却让他当社长,我们接受不了。"但是,二弟、三弟、四弟却对哥哥说:"如果我们几兄弟都在店里卖鱼,我们就和一般的鱼店没有什么差别。所以,哥哥作为社长,应该从更高远的视角考虑鱼店的前途。店里的工作有我们。"从这一桩小事就可以看出您的弟弟们非常优秀。当然,您也拥有出色的资质,在担任社长后,把家里鱼店的生意扩大到销售额超过40亿日元的规模。而且,在企业规模扩大之后的今天,您几兄弟之间的关系依旧非常融洽。

另一方面,经过仔细观察,您觉得二弟具备匠人气质,杀鱼很在行,但是身体比较弱,不是当社长的材料。三弟非常聪明,人很细心,所以您认为他非常适合经营批发代理公司。四弟的头脑也很灵活,您觉得他很适合成为您的臂膀,从事企业经营。

于是,在您思考未来应该怎么办的时候,您心想:"大概能接自己班的是四弟吧。二弟有匠人气质，虽然工作很能干，但却经营不了超过 40 亿日元规模的鱼店。"而为了让四弟经营起来无后顾之忧，您想让他多持一些股份。

我只问一个问题，您说没有让任何亲戚或兄弟们的孩子进入公司，这有什么原因吗？

塾生：我的大儿子才 19 岁；二弟的长子也才读高中一年级；三弟家里都是女孩，没有男孩；四弟的孩子还在读幼儿园，事实上没有能进公司的人。

塾长：原来是这个缘故，我明白了。

现在，您公司的股份中，身为社长的您拿 45%，而具备匠人气质、在父亲去世后最先与母亲一起经营鱼店的二弟拿 20.6%，三弟是 18.4%，四弟是 16%。虽然您说这个分法是父亲去世时你们随意分的，但我却觉得分得很好，应该不会有人有怨言。

现在，您打算更改股份，我觉得不能变。难得大家和睦相处走到今天，应该继续保持下去。

按照现在的情况，四弟的股份的确不多。虽然不多，但经过您父亲和二弟经营的时期，对这样划分，他现在一定不会不服，所以，应该按照这样的股份走下去。然后，假如您出现什么情况，就是说，假如您生病或去世，可以这样拜托二弟、三弟："股份保持不变，让四弟继承事业吧。我觉得四弟最靠得住，让他当社长，继续把公司经营下去。"

只是，四弟当上社长后，一定要给他充足的薪水。现在公司的分红有多少？

塾生：去年是 15%。

塾长：是票面额的 15% 吧，资本是多少？

塾生：7 100 万日元。

塾长：有 7 100 万日元。现在正是有利润的时候，也许可以把利润再提高一点。也许可以增加到 20%～25%。

塾生：前年有 20% 的利润。

塾长：假如是 20%，那么利润就有 1 500 万日元左右。一年 1 500 万日元，持有 20% 股份的话，分红就是 300 万日元。从现在的利润来看，还是要多挣一些利润才行。

四弟成为社长后，他将拿到比二哥、三哥更多的薪水，是实质上的经营者。但是，他尊敬两位哥哥，股份最少，只有 16%，二哥、三哥的股份都比他多。分红也给他 20% 就可以了。

假如兄弟交恶，就不得不让四弟持有许多股份。假如二弟、三弟都不正经，两人相互勾结的话，四弟单凭 16% 的股份，是无法把公司经营下去的。如果是这样的话，必须想想办法。但是，如今你们兄弟感情融洽，没有人想通过股份控制公司，这样的话，还是不要变更持股比例为好。

假如变更了持股比例，其他兄弟们难免心生疑窦："哥哥想干什么？！他已经有 45% 股份，却还想增持。这家公司是我们几兄弟一起打拼下来的,难道哥哥想把公司据为己有吗?难道他想和四弟联合起来,对我们的公司为所欲为吗?"站在二弟的角度,他必然会想,自己高中毕业后马上接手家里的生意,公司才有今天。既然你们兄弟感情很好,就请您把这份感情继续保持下去。虽然,您的确很有才干,但是,因为有你们四兄弟同心协力,公司才能做到这个程度,所以绝对不能破坏它。

只要企业规模变大,就需要把资本和经营分离纳入视野

问题出在下一代身上。

现在,您无病无痛,只要保持现状就可以了。一旦生病,您可以把生意交托给四弟。只是,当四弟继承企业后,下一代该怎么办?也就是,您孩子的那一代会怎么样?家中必定会发生内讧,那是没有办法的事情。

塾生:我们平时经常灌输"要想得更长远"的思想。

塾长:想得再长远也没有用,还不知道您儿子会是怎样的人。还是不要想得那么长远比较好,想也没用。

塾生:我的儿子大概不行。所以我很烦恼。

塾长:不见得不见得。您太优秀了,所以觉得自己的孩子不行,不打算让他继承事业。但是,您四弟的孩子还在读幼儿

园,如果您打算让他做继承人,您的儿子如果不够智慧的话,就会怪他:"这家公司是我父亲做大的,凭什么我不能继承?"所以,以后的事是说不准的。

如果一定要决定,就四兄弟一起决定让四弟接您的班。"让持股最少的四弟经营企业。我们虽然是大股东,但会支持四弟的",只要大家签下一纸协议,事情就解决了。但之后的接班人就没办法考虑了。

塾生:下一代必须是优秀的人才,绝对要在员工中脱颖而出。所以,我一再强调,下一代由我们的孩子中最优秀的人继承。

塾长:话虽这么说,但往往事与愿违。

按照您刚才的说法,你们四兄弟的孩子都有资格成为继承人。不过,股份少的兄弟的孩子也很有可能成长为优秀的人才,所以,按照持股多少排序的话,将来也会出现问题。因此,一定要做的话,还有一个办法,如果将来企业能上市,可以让资本和经营分离。把股份作为遗产留给各自的孩子。到时,股票都明码标价,成为父母留给孩子的财产。企业的实际经营交给优秀的员工,让他们把企业持续发展下去。就是说,创业者一家以股东的身份分红,股价还可能会上涨,他们靠买卖股票也能生活。我觉得可以这样做。

塾生:是的。我想终有一天不得不这样做。

塾长:如果从把企业做上市,让兄弟们和他们的后代分享财富的角度考虑，您要从弟弟们那里收购股份，增加您这个哥哥和四弟的持股比例——这件事或许会得到兄弟们的理解。只是，通常走到这一步之前，兄弟之间的感情就会破裂。难得你们感情这么深厚，一直保持到今天，所以不管增资还是收购，我都不赞成改变持股比例。

假如公司只有您一个人，其他人都是出资者，而且股份这样分配，则另当别论。如果您想让持股最少的人担任下任社长，仅凭16%的股份，他将来的经营无论如何都不可能稳定，所以，尽管勉为其难，也可以考虑增加这个人的持股比例。但是，正因为是兄弟，我不太建议这样做。

塾生：我想尽量扼杀争斗的萌芽，所以为两人增资也是希望为更远的将来做打算。

塾长：您本来打算消除争斗隐患，可是，如果因此反而引起争斗的话，岂不是得不偿失？

要做长远打算，不，就算只做下一步打算，都往往要把事情做得彻底决绝。就像战国的武将一样，可以毫不在乎地杀掉自己的亲人。为了不留下后患，为了子孙后代，必须除掉祸根，只有无情的人才做得出这种事。

我觉得不应该这样做，你们兄弟之间相亲相爱，一起走到今天，所以，没有必要考虑子孙后代的事。硬要去考虑的话，或许反而会造下罪孽。只要能保持现在这种状态，下一代自然会开创自己的道路。

到了你们的下一代，就算出现纷争也没有办法。一般好景也坚持不了几代。人常道"富不过三代"，就是这个意思。到了第三代第四代，如果像德川家康那样想把德川家族延续下去，就必须采取极其冷酷决绝的做法，否则就无法保证。可是，不管是您父亲还是您，都是为了世间和世人而经营企业，如果走到这一步，即便公司延续下去也没有意义。

塾生：这里有点进退两难。

塾长：通过经营企业，让兄弟们满意，让员工满意，真正做些好事，这就足够了。假如企业的使命终结，就是说社会不再认同这家企业的价值，它就会衰落；只要社会认可这家企业，觉得它很优秀，那么，企业就会继续繁荣兴盛。我想，无论谁来经营它，都会繁荣兴盛。也许我的回答不够充分，但这就是我的想法。我的回答到此结束。

经营问答十六

怎样使弟弟具备经营者意识（为了实现二人三足般的兄弟经营）

⊙ 问题

为职场中的兄弟关系而感到烦恼，因此询问亲人间在职场中应该形成怎样的人际关系，及在待遇上应当留意的地方。

□ 塾生问

今天我想就兄弟经营的问题请教塾长。

1930年，祖父创建了一家材料制作所，那是本公司的前身。之后，在1950年我们从材料制造业正式进入建筑业。公司以公共事业为主，创下一些成绩。在销售规模方面，工程完工额约为25亿日元。其中的具体内容为建筑工程占销售额的70%，土木工程占30%。

1982年创业者去世，由当时担任专务的父亲继承事业。

之后，抱病在身的父亲因为病情恶化，退居会长，1994年由我出任社长，直到现在。

今天，我想就兄弟经营给我带来的困扰请教塾长。首先，请允许我介绍一下我和弟弟的情况。

我家有兄弟4人，我是长子，弟弟比我小两岁，还有两个妹妹。在我读小学三年级时，父母离婚，只有我这个长子跟父亲一起生活，弟弟和两个妹妹跟着母亲一起生活。弟弟大学毕业后，在父亲的推荐下进入了公司。现在已经是第三年了。我没有让他担任管理职位，给了他一个销售的职位。也就是说，本公司除了我和父亲之外，所有的经营成员都不是家里人，而是通过长期锻炼得到提拔的员工。

说得好听一点，弟弟是个超现实主义者。我觉得他对工作和经营没有什么太多的思考。在销售工作方面，他也只做被吩咐的事情，远远没有塾长所说的"渗透到潜意识的、持续的愿望"。极端地说，除了朝八晚五，在此时间之外他完全不愿意做任何投入。不管是会谈，还是和顾客应酬，他都根本不露面。他的口头禅是自己还太小，太有主意的话会显得太突兀。在薪水方面，他也时时担忧，常说如果一直待在公司里前途有限，公司破产的话自己该怎么办。

他满嘴牢骚，满腹抱怨，完全没有梦想和目标，而是成天把"今天怎么办、明天怎么办"挂在嘴边。有时，他甚至说想去做副业，比如金融业或加盟店等。他经常说"哥哥只会空谈理想"，似乎认为在世间上，如果没有钱，就什么也做不成，别人也不会信服。我能感觉得到，归根结底，他对我存在嫉妒心理。

刚才我也说过，打从双亲离婚开始，弟弟就认为自己和妈妈一起挨了穷，吃了苦，总有想要一夜暴富的心理。但是，在私下里，他有不少同年纪的朋友，而且很受喜爱。他的性格非常温和，也比较老实。

我不清楚公司内部是怎么评价弟弟的，但却能感到众人因为他是社长的弟弟，对他比较客气。员工似乎都认为将来他也会从事经营。客户也一样，把他当作社长的弟弟看待，而不是用对待普通员工的态度对待他。在工作上，虽然他并不算没有能力，但也没有给人独当一面的感觉。

身为会长的父亲也有让他和我一起经营公司的想法。我自己也觉得，将来要与弟弟一起经营。但是，凭他现在的思维方式，是不可能和我一起经营企业的。我曾经向弟弟表达过自己的意思，曾告诉他，希望和他一起把企业做大，但或许是我这个社长人格魅力和实力不足，没有办法使弟弟产生经营者意识。

我个人的想法是不希望仅仅因为兄弟关系提拔他，以免公私混同。同时，不管多希望和弟弟一起经营企业，但如果在企业内特别优待弟弟，我觉得有失公平。我想，当下还是尽可能让他担任辅佐的角色，与我一心同体，帮我传话。

在这里我想请教一下塾长，京瓷中也有兄弟共事的情况，塾长是怎么处理有血缘关系的亲兄弟在职场中的关系？有没有发生过与我类似的问题或烦恼？恳请塾长给我一些建议。

我认为，如果兄弟之间能相互理解，没有比它更牢靠的。但是，如果兄弟之间闹别扭，也没有比这更麻烦的，我非常苦恼，恳请塾长指教。

◆ 塾长答

明确公司方向，让弟弟走其他道路。

亲人待遇受企业蓝图左右

我想，这是我遇到的最难的问题。而且，您提这个问题也真的很需要勇气。一般人都不愿在人前谈论自己的亲人，纵使和亲人相处不好，也会假装相处得很好的样子。但您却鼓起勇气，提出这个问题。这个问题大概对许多人都非常有借鉴意义，所以，我首先要表扬您的勇敢。

这真的是一个很难的问题。看了这个问题，昨晚，还有前天晚上，我胸口堵得发慌。我自己也感到非常为难，不知道该怎么对您说才好。

把握人心（经营者要赢得尊敬）

首先，您才二十多岁，年纪很轻，进入父亲公司的时间也不长。而且，您父亲患病，您继承他的事业、成为社长的时间也并不长。

我凭第一感觉想到的是作为创业者，我27岁创立了公司，最担心的是怎么凝聚跟我一起创业的27名伙伴。其中的7人甚至写下血书来支持我，而且，他们是和我一起在之前企业共事的人，彼此熟悉脾性。除了他们，我还招聘了20名中学毕业生，开始经营新公司。但是，虽然刚开始只有这么一点人，但我一直在苦恼，怎么才能把这些人凝聚在一起。

在人组成的团体中，最重要的是抓住集体中所有人的心，把他们团结在一起。也就是把握人心。经营中最关键的就是把握人心。

虽然用"把握人心"来表达，但是我们还能换一个说法，把它粗略地描述一下。那就是，让这些人自愿做自己的部下，听自己的吩咐。想要让部下服从你的想法，按照你的意愿行动，不掌握人心是不可能做得到的。

我认为这是最关键的事情。我费尽心思，思考怎么才能让部下服从我。最后，我思考的结果是首先必须体谅部下的心情，还必须让部下明白我的心。以这为起点，最后赢得部下的信赖与尊重，否则不可能让部下心服口服。我是这么思考的。

这件事说起来简单，实际做起来却非常困难。

我是创业者，所以就算用强硬的方式也要这么做，但如果是第二代、第三代经营者呢？也就是父亲或者祖父是非常优秀的创业者，而在他们创业者眼中看来，继承人的力量总是差得不是一星半点。

而那些和父亲一起共事的老臣子或老员工也完全清楚继承人的底细，"这个少爷从小学习就不好。大学还是靠爸爸出钱，好不容易才读上的，现在毕业回来了，肯定没有什么出息"。在这样的眼光下，继承人根本不可能从他们身上赢得前面所说的信赖和尊敬。继承人不得不背负着这种障碍担任社长，难免大吃苦头。

听着您的话，我想起自己年轻时候的事。您年纪轻轻就子承父业，手下还有许多父亲那一辈的年长员工。为了赢得这些人的信赖和尊敬，现在是您最艰苦的时候。您年纪轻轻就加入盛和塾，致力于提高心性、拓展经营，这就是您正在受苦的证明，我觉得您很了不起。就是说，您是为了磨炼自我才加入盛和塾，心中有提升自我、把自己磨砺更加优秀的愿望，单是这一点我就觉得您很了不起。

因为有这样的志向，所以您现在拼命努力，希望把握人心，把握部下的情绪。虽然觉得自己做得并不到位，但因社长职责所在，您希望他们能服从自己，所以日夜操劳。也是因为这个原因，您才加入盛和塾学习的吧。

在这最关键的紧要关头，您却还要为弟弟一个人而感到苦恼。团结您父亲那一辈留下来的部下就已经够费劲的了，可在这种时候，还要为弟弟的事情操心，我对您深表同情。

螃蟹只会根据自己壳的大小打洞

那么，具体怎么办呢？

可想的办法有很多，但在这里我有些话想对大家说在前头。现在，盛和塾聚集了大约 3 000 名来自日本全国各地的经营者，我经常对这些人讲述一些经营的话题。同时，我也写了一些相关内容的书籍。然而，那些经营的状态实际上并不准确。

那是因为，那些经营状态的前提必须是经营者个人希望像我一样经营。也就是，"我自己也希望像稻盛和夫经营京瓷一样经营企业。现在，我虽然不过经营着一家中小企业，是乡下的一个小老板，但终有一天，我要把现在的公司打造成稻盛和夫的京瓷那样了不起的企业"。如果经营者内心有这种愿望，就必须把我的经营风格、我的经营哲学变为自己的东西。

诸位的同伴想必也有同样的想法。虽然平日经营紊乱无章，却希望自己也能做出优秀的公司。所以，当诸位的公司蒸蒸日上时，他们就前来打听，"您的公司发展得很好。您是怎么做到的？"就是说，必定有人与诸位一样，认为自己的经营不太妥当。

我常说,"螃蟹只会根据自己壳的大小打洞"。我们经营者是按照自身拥有的哲学理念、经营方针、人生观从事经营的。因此,我们的企业将变得与自己拥有的经营哲学及人生观相吻合。螃蟹只会根据自己壳的大小打洞,正如这句话所说的一样,人只能根据自己的器量打洞。不要以为尽管壳不大,也能打出大洞,这是不可能的。

相同的是,莫名其妙的人生观、理念、经营哲学,不可能孕育出优秀的企业。"你的思想决定你的日常行为,和平时的思维方式。"自己游戏人生、得过且过,却想做出出色的企业,世间没有这样的美事。公司只会变成符合自己的思维方式的样子。

因此,一开头我就讲到,前来盛和塾的人们或许还没有足够的器量,但他们正因为想扩大自己的器量,才来学习。

其中,谈到如何处置您的弟弟,如果您希望您的建筑公司在当地只要不破产,就算浮浮沉沉、能够勉强维持就可以的话,那么,您就一边哄哄弟弟,一边经营就可以了。

刚才我说过,您必须抓住父亲那一辈留下的员工的心。但是,一边哄着弟弟一边用他,会浪费许多时间。其实,您应该把这份精力放在其他人身上,在您顾及弟弟的过程中,公司有可能变得困难重重。但是,如果您觉得只要能够养家糊口就可以的话,也没必要太过为难。"我不想为了把公司经营好、为了把公司建设成当地首屈一指的建筑公司而与弟弟交恶。我更希望兄弟关系和睦，如果公司有一天破产，就大家一起破产。在人情淡漠的社会中，无论如何我也要守护这份兄弟之情"，假如这是您的人生观，您的目的并不是把公司做大做强，那么，您可以一直照顾弟弟。

所以，问题是"您想把公司做成怎样"，这是前提，下面的回答可以是苛刻的，也可以是温情的。不管是苛刻的答案，还是温情的答案，都谈不上对错。您对公司的愿景是一切的前提，答案将因为愿景的变化而变化。

您的想法是希望把企业做得远比现在更优秀。所以，按照这个前提，就像我刚才所说的一样，"在创立公司的时候，我把握人心，希望部下服从我。因此，我必须成为能够赢得部下信赖和尊敬的人。我必须把自己塑造成这样的人，使部下对我心怀信赖和尊敬"，这是绝对必要的条件。

让亲人参与经营的难处

与外人建立这种关系就非常困难，而在兄弟之间更是难上加难。

理由是有血缘关系的兄弟之间，或许是因为存在人情或兄弟之情之类的缘故，很容易就有"哥哥有什么了不起"的想法。从孩提时代开始，兄弟们就在一起，哪里有缺点，哪里做得不好，彼此都了如指掌，所以无论如何也难有尊敬之心。一般相处得当的兄弟，年龄大多相差很大。就是说，他们大多是最年长的哥哥和最小的弟弟，年纪能够相差10年或20年，年龄之间的差距甚至达到了父子般的程度，在这样的情况下，有些人能够兄弟相处融洽。但是，如果年龄只差两三岁，因为年龄接近，看起来就像是同龄人。"哥哥，你在说什么呢"——兄弟之间经常会发生争执。因此，弟弟很难把自己和哥哥的关系，看成下属和社长的关系，更难以对哥哥产生尊敬之心。如果哥哥不足够优秀，使弟弟无论在能力还是其他方面，都远不能及其项背，两者之间就不可能实现尊敬与被尊敬的关系。

最难产生尊敬关系的是夫妻，因为两者的关系太过亲密了。丈夫正在板着脸孔训话，部下正感到"我们社长真了不起"，毕恭毕敬地侧耳倾听时，旁边的妻子突然插上一句，"我家孩子他爸其实也是个不靠谱的人"，结果大煞风景。花了整整一天劝说部下，却被一句话打回原形。这种事比比皆是。

对男人而言，赢得妻子的尊敬是至难之事。因此，最好的办法是不要让妻子在公司露脸。我是说真的。然而，中小企业经营者的妻子往往不得不负责财务之类的工作。有些企业是靠妻子的力量才做到今天这个程度，所以，要做到这一点非常困难。

我有点跑题了。总之，社长必须赢得部下的尊敬，这是经营的要诀。只是，在兄弟之间，要做到这一点非常困难。在塾生当中,有许多人都是第二代、第三代经营者,就算在父子之间,做到这点也很不容易。儿子年轻的时候必然叛逆,不肯继承父业,扭头就跑到别的地方,然后,在年过三十、饱经社会的风吹雨打之后才回到父亲身边,这种情况十分普遍。

在饱经社会的风霜严寒后回到家里,做儿子的才感叹"还是老爸了不起",才对父亲萌生尊敬之心。从这一刻开始,公司就开始顺利发展起来。如果不是这样,父子之间也很难相处。所以,跟自己只差两三岁,不,只差四五岁的弟弟,或许穷尽一生,也难以得到他的尊敬。

在学生时代,同学之间、学长学弟之间也是同样的情况。创立公司后,我拼命奋斗,企业逐渐发展起来,迫切地需要人才。然而,因为我人脉不广,即便想招揽优秀人才也没有门路。于是,我招揽的都是自己大学时期的同学,又或是大学的学长学弟。大家年龄相差无几,又是低一年级高一年级的朋友。我打算把这些人招进公司。

在我身边,实际上有比我高一年级的学长人品很好,人也很优秀,而且,还有非常优秀的同学。我曾考虑把他们招进公司。企业不断发展起来需要人才,而且,由于京瓷这家公司逐渐壮大,不管是比我高一年级的学长还是同班同学,都表示"如果你让我进京瓷,我一定会拼命努力的"。尽管是同学关系,但似乎有可能建立起信赖和尊敬的关系。就是说,他们并没有妄自尊大,说什么"那我就屈就吧",而是抱着"我来帮助你"的态度,所以我曾经打算聘请他们。

当时,我找大学恩师内野老师商量此事。这位老师是在《一个少年的梦》㊀中出现的人物,他毕业于东京大学电力化学专业,还于二战前在朝鲜与中国东北边境的一个日本发电所,利用鸭绿江的水力发电,制造出轻金属。这些轻金属就是当时用于造飞机的材料硬铝,也就是现在的铝。他用电力精炼的方法从铝土矿中提取铝,需要大量电力,因此他打算利用鸭绿江的水力发电。他是一位学者,同时也是一位非常优秀的企业家。

正当我大学毕业之前的那一年,内野先生奔赴鹿儿岛大学执教。他是一位非常出色的技术人员,在二战后,他被美军开除公职,不能再担任公务员。在驱逐令解除后,他好不容易当上了鹿儿岛大学的教授。我从来没有听过这位老师的讲座,是在写毕业论文的时候与他初次相见的。不知什么原因,虽然与他只有一面之交,我却立马被老师的优秀折服,深受吸引,一直与他保持着师生关系。

由于鹿儿岛的屋久岛上降雨量丰富,内野老师打算像以前一样,利用雨水建设水力发电所,在屋久岛上建设先进的电力化学工厂。现在有一家叫作屋久岛电工的公司,就是内野老师提议并推动、由当时小野田水泥和国家共同出资成立的电力公司。

㊀ 本书讲述了稻盛和夫成功创立企业、经营企业的故事,中文版已由机械工业出版社出版。

他虽然是大学老师，却有志于这个事业，于是经常去东京。每当此时，他必定会发电报告知我"将会乘坐列车几点几分经过京都站，到时见个面"，我总是在站台上等候老师。当时，列车在京都站上只停靠3分钟左右，在停靠期间，我和老师就站在车门口讲几句话，往返都是这样。

我非常尊敬内野老师，于是请教老师，"其实公司不断扩大，很需要同样学习化学专业的优秀技术人员，我打算邀请高一年级的学长和同班同学加入公司，也基本谈妥了"，可是，话音刚落，老师就立马反对，"稻盛，不要这样做。"

当时我完全摸不着头脑，忙追问："为什么？""不能招他们进公司。我在经营轻金属公司的时候，已经受尽挫折，吃尽苦头。绝对不能那样做。"老师说道。虽然没有说个中详情，但老师告诉我，"如果把朋友、把高一年级的学长招进公司，你们一定会渐行渐远。像稻盛你这样优秀的人，就算是年长一年的学长、同班同学，起初大概都会愿意追随。但是，长久下来，大家渐渐熟不拘礼，你们必定会交恶，这就是所谓的人际关系。"

老师没有用"尊敬"来表达，但按照我们的经验，现在换句话表达，就是"起初因为你是一个优秀的朋友，所以对你多少有些信赖和尊敬。但交往下来，双方的本性都逐渐显露出来。同班同学就会想，'说的比唱的好听，你不过是我的同班同学而已。有什么资格说这些了不起的话'。而高一年级的学长则会想,'我已经在努力服从你的命令,你这样太过分了吧。这是你对高年级学长讲话的语气吗?'"

本来,社长必须让部下信服,也就是,必须能够使人按照自己的意志行动。部下本应对社长信赖、尊敬,听从经营者的吩咐,但高一级的学长和同班同学必定会说"你不过是我的学弟、同学,有什么资格那样说我"。所以,老师马上告诉我"不能那样做"。

现在,在座听讲的诸位当中,有些人是兄弟共同经营的,我并不是说兄弟共同经营就一定行不通。只要弟弟明白事理,哥哥能够成功地让弟弟尊敬并追随自己,就完全没有问题。根本的问题在于是否能够赢得对方的尊敬和信赖。

举一些实际案例,本田技研的本田宗一郎先生也是同样中途把弟弟排除出去,大荣超市的中内功先生也把兄弟全部排除在外,而是父子共同经营。

如果可能的话,让弟弟到别处谋生

您很勇敢,说出了家中的隐情。可是,正因为家里有隐情,所以从您父亲看来,虽然也觉得您弟弟有点无能,却仍旧让他进入自己的公司。这是父亲对孩子伟大的爱,的确没有什么不对。可是,你们的成长环境不一样。在相同环境中长大的兄弟尚且不好相处,何况连成长环境都不相同。您父亲对您弟弟是出于一片好心和疼爱，但这绝不是什么好的方向。

刚才您说过，贵公司在建筑这一行中年销售额为25亿日元，利润率一定不高吧。今年还是自民党执政，公共事业方面的投资整体大盘还是上升的，但今后政权交替，大概会大幅度削减公共事业投入。而贵公司的业务以公共事业投入的项目为主，面对未来，您在企业经营上必须慎之又慎。

就像我刚才说的一样，贵公司现在利润率绝不算高，但凡有一星半点的失误，马上就可能会陷入亏损。或许，订单也会减少，而您必须养活40多名员工，形势将非常严峻。现在正是你们拼命进取的紧要关头，所以，您弟弟的事情是个很大的问题。

您现在正打算把经营者意识根植进弟弟脑中。但是，只要您弟弟对您不信任和尊敬，无论您说什么，他也无法真心接受。如果这样，您最好还是跟您的父亲谈一谈，让他出去外面谋生，尽管不知道他是否能够理解。

您必须用好父亲那一辈留下来的年长员工，而您的亲弟弟却玩世不恭，做一天和尚撞一天钟，对工作敷衍了事，这对其他员工完全是个坏榜样。您对自己弟弟的这种工作态度不闻不问，却成天对着我们员工说什么"勤干肯干"，这岂不是很可笑——员工肯定觉得这很荒唐。所以，您应该说服弟弟，"既然你是这么想的，那趁现在去其他公司试试看怎么样"。

您还应该对父亲说，"弟弟大学一毕业就马上进入公司，对他不一定好。既然他本人怎么干都觉得没劲，不如让他去做自己喜欢的职业，体验一下外面的环境，让他出去学习一下"。也向弟弟本人提议，"你去做自己喜欢的工作怎么样？"

不能让您弟弟在现在的公司里发展自己喜欢的事业。就像您描述的，他说希望做"加盟店"或"金融业"，提出这些不像话的想法，绝对不能按他说的做。人格还不成熟，年龄又不大的人不可能干得好事业。首先需要让他去外面工作，在别人的手下谋生。

未来，也许有一天，弟弟经过锻炼后真的改变了，会主动提出"哥哥，我想跟您一起工作"，但我觉得还是应该尽量让他走别的道路。

当然，如果您继承了父亲所有的遗产，秉着兄弟之间平均继承遗产的原则，就算弟弟没有加入您的公司，在金钱方面，您或许也要发给弟弟红利或者津贴。

您年纪轻轻就接了父亲的班，公司一年销售额为25亿日元，员工有四五十名。而且还是以前景并不乐观的公共事业为主业的建筑商，事业利润率也完全不高，面对这样的局势，今后正是您破釜沉舟的时候，正因为这个原因，虽然这是一个非常困难的决定，但您还是应该让弟弟到别的公司工作，避免与他共事。

假如弟弟生活困难，只要您的企业能够获取丰厚的利润，您可以给他分红或者补助。不要让他成为公司的员工，而是把他放在公司外面，给他津贴作为回报，这也不失为一个方法。

盛和塾

稻盛和夫经营研究中心（"盛和塾"）是企业经营者学习、亲身实践稻盛和夫的人生哲学、经营哲学与实学、企业家精神之真髓的平台。塾生通过相互切磋、交流，达到事业隆盛与人德和合，成为经济界的中流砥柱、国际社会公认的模范企业家。

1983年，京都的年轻企业家们向稻盛先生提出了一个愿望——"给我们讲解应该如何开展企业经营"。以此为契机，由25名经营者组成的学习会启动了。至2019年底，全世界"盛和塾"已发展到104个分塾，除日本外，美国、巴西、中国、韩国相继成立了分塾。

2007年，曹岫云先生率先发起成立中国大陆地区第一家盛和塾——无锡盛和塾，并任首任会长。

2010年，稻盛先生亲自提议成立稻盛和夫（北京）管理顾问有限公司（以下简称"北京公司"），作为总部负责中国盛和塾的运营。

北京公司成立之初，稻盛先生即决定在中国召开塾长例会，即稻盛和夫经营哲学报告会，后更名为盛和塾企业经营报告会。2010年至今，13届盛和塾企业经营报告会先后举办。盛和塾企业经营报告会已成为一年一度企业经营者学习、交流稻盛经营学的盛会。

2019年底，稻盛先生宣布关闭世界范围内的盛和塾，仅保留中国的盛和塾继续运营。2020年11月14~15日，盛和塾第13届企业经营报告会在郑州举办，稻盛经营学研究者、实践者做现场发表，3000余名企业经营者现场参加了会议。

盛和塾成立30多年来，不仅会员人数不断增加，学习质量也不断提高，其中有100多位塾生，他们的企业已先后上市。这么多的企业家，在这么长的时间内，追随稻盛和夫这个人，把他作为自己经营和人生的楷模，这一现象，古今中外，十分罕见。

盛和塾的使命：帮助企业家提高心性、拓展经营，实现员工物质与精神两方面的幸福，助力中华民族伟大复兴，促进人类社会进步发展。

盛和塾的愿景：让幸福企业遍华夏。

盛和塾的价值观：努力、谦虚、反省、感恩、利他、乐观。

盛和塾公众号　　　盛和塾官方网站　　　稻盛和夫线上课堂

最新版
"日本经营之圣"稻盛和夫经营学系列
任正非、张瑞敏、孙正义、俞敏洪、陈春花、杨国安 联袂推荐

序号	书号	书名	作者
1	9787111635574	干法	【日】稻盛和夫
2	9787111590095	干法(口袋版)	【日】稻盛和夫
3	9787111599531	干法(图解版)	【日】稻盛和夫
4	9787111498247	干法(精装)	【日】稻盛和夫
5	9787111470250	领导者的资质	【日】稻盛和夫
6	9787111634386	领导者的资质(口袋版)	【日】稻盛和夫
7	9787111502197	阿米巴经营(实战篇)	【日】森田直行
8	9787111489146	调动员工积极性的七个关键	【日】稻盛和夫
9	9787111546382	敬天爱人:从零开始的挑战	【日】稻盛和夫
10	9787111542964	匠人匠心:愚直的坚持	【日】稻盛和夫 山中伸弥
11	9787111572121	稻盛和夫谈经营:创造高收益与商业拓展	【日】稻盛和夫
12	9787111572138	稻盛和夫谈经营:人才培养与企业传承	【日】稻盛和夫
13	9787111590934	稻盛和夫经营学	【日】稻盛和夫
14	9787111631576	稻盛和夫经营学(口袋版)	【日】稻盛和夫
15	9787111596363	稻盛和夫哲学精要	【日】稻盛和夫
16	9787111593034	稻盛哲学为什么激励人:擅用脑科学,带出好团队	【日】岩崎一郎
17	9787111510215	拯救人类的哲学	【日】稻盛和夫 梅原猛
18	9787111642619	六项精进实践	【日】村田忠嗣
19	9787111616856	经营十二条实践	【日】村田忠嗣
20	9787111679622	会计七原则实践	【日】村田忠嗣
21	9787111666547	信任员工:用爱经营,构筑信赖的伙伴关系	【日】宫田博文
22	9787111639992	与万物共生:低碳社会的发展观	【日】稻盛和夫
23	9787111660767	与自然和谐:低碳社会的环境观	【日】稻盛和夫
24	9787111705710	稻盛和夫如是说	【日】稻盛和夫
25	9787111718208	哲学之刀:稻盛和夫笔下的"新日本 新经营"	【日】稻盛和夫

"日本经营之圣"稻盛和夫经营实录（共6卷）

跨越世纪的演讲实录，见证经营之圣的成功之路

书号	书名	作者
9787111570790	赌在技术开发上	【日】稻盛和夫
9787111570165	利他的经营哲学	【日】稻盛和夫
9787111570813	企业成长战略	【日】稻盛和夫
9787111593256	卓越企业的经营手法	【日】稻盛和夫
9787111591849	企业家精神	【日】稻盛和夫
9787111592389	企业经营的真谛	【日】稻盛和夫